ADICCIÓN A LOS SMARTPHONES, TABLETAS O COMPUTADORAS

Cómo Evitar que los Móviles y Otros Aparatos Electrónicos tengan Dominio Absoluto sobre Nuestras Vidas

SHAUN DANIEL

información se realiza sin contrato y sin ningún tipo de garantía endosada.

El uso de marcas comerciales en este documento carece de consentimiento, y la publicación de la marca comercial no tiene ni el permiso ni el respaldo del propietario de la misma.

Todas las marcas comerciales dentro de este libro se usan solo para fines de aclaración y pertenecen a sus propietarios, quienes no están relacionados con este documento.

Índice

Introducción   vii

1. ¿Por Qué A Nuestro Cerebro Le Encantan
   Los Botones Físicos?   1
2. ¿Qué Es Un Detox Digital?   27
3. Cómo Hacer Una Desintoxicación Digital   69
4. 28 Días De Desintoxicación Digital   117
5. Maneras De Evitar Mirar Tu Teléfono
   Cada Cinco Minutos   131
6. ¿Qué Dispositivos Necesita Tu Familia?   143

   Conclusión   151

Introducción

La conectividad es ahora la norma. La mayoría de las personas se levantan por la mañana: la alarma de su teléfono inteligente los despierta. Hay noticias en la televisión, así que empiezas a prepararte. Luego, revisas tus textos. El correo electrónico, las redes sociales son algunas de las cosas que haces todos los días para mantenerte en contacto con las personas que te importan. Por la noche, ves tus programas de televisión favoritos mientras compras en línea y te registras en las redes sociales. Cuando te vas a la cama, usas aplicaciones de teléfonos inteligentes para meditar o ruido blanco para ayudarte a dormir. Eso es lo que mucha gente hace todos los días. Mucha gente en los Estados Unidos pasa unas cuatro horas al día viendo la televisión.

También pasan alrededor de siete horas y media de esas horas en dispositivos digitales. Muchos de nosotros estamos estresados porque pasamos mucho tiempo en la computadora o en el teléfono.

A menudo no me encuentro pegado a la pantalla de mi teléfono y desplazándome sin cesar a medida que pasan los períodos de tiempo. No eres el único. Las investigaciones muestran que alrededor del 61% de las personas dicen que están enganchadas a Internet y sus pantallas digitales. Peor aún, esa conexión constante también puede dañar su calidad de vida y sobre estimular sus sentidos, lo que dificulta que disfrute de la vida. Es por eso que deberías tomarte un descanso de tus muchas aplicaciones de redes sociales y pasar un tiempo lejos de las pantallas. Podría ser bueno para tu salud mental y física hacer esto. Entonces, entra en juego una desintoxicación digital. Esto es cuando reduce deliberadamente la cantidad de tiempo que pasas en tus dispositivos. También es posible que te desconectes por completo del mundo.

Mucha gente piensa que mirar nuestros teléfonos todo el día podría no ser bueno para nuestra salud mental. Se ha construido un negocio completamente nuevo en torno a recortar, limitar o cambiar la cantidad de tecnología que usamos. Los hoteles de cadena están bloqueando los teléfonos de sus huéspedes para tener un momento más relajante. Un grupo de jóvenes que juegan videojuegos en los suburbios de Seattle va a reuniones al estilo AA para ayudarlos a lidiar con la abstinencia de los golpes de dopamina que se producen cuando dan en el blanco en una pantalla virtual.

Y hay un tipo completamente nuevo de libro de autoayuda que enseña a las personas cómo reducir el uso de la tecnología digital.

Estos programas pueden llamarse bienestar digital, desintoxicación digital o minimalismo digital, pero todos tratan de lo mismo: cuánto tiempo pasamos en nuestros teléfonos.

Esto significa que no podemos decidir cuánta tecnología dejar entrar en nuestras vidas. Irónicamente, algunos de los primeros grupos en desarrollar formas de lidiar con el alcance de la tecnología fueron las personas que viven en Silicon Valley. La disidencia inicial provino de personas en el círculo interno de la tecnología, como el ex especialista en ética de uno de los buscadores más conocidos e importantes en el mundo, a quien se le ocurrió la idea de "Tiempo bien empleado". Se extendió a las personas que trabajaron en aplicaciones todo el día y criaron a sus hijos para que no las usaran. Todavía queda mucho trabajo por hacer sobre los efectos del uso de teléfonos celulares, pero hay una ciencia general en consenso de que las personas se vuelven adictas a sus teléfonos.

Al igual que los directores de estas empresas de tecnología, las personas que dirigen empresas de tecnología han dicho que sus herramientas pueden dañar su salud mental, y algunas tienen funciones integradas para ayudar a las personas a dejar de usarlas demasiado. Algunas personas dicen que, si los ejecutivos de tecnología realmente quisieran ayudar a las personas adictas a sus teléfonos, harían que sus productos fueran menos adictivos.

Aquí está el hecho: las empresas de tecnología tendrían que hacer cambios importantes en sus modelos de negocio para hacer eso. Como la mayoría de las personas, creo que tengo más control sobre mis hábitos diarios con los teléfonos inteligentes que sobre cómo limitar los objetivos de ingresos de las empresas de tecnología. Empecé a buscar formas de recuperar cierto control sobre cuánto tiempo paso mirando una pantalla brillante. Para borrar una alerta en tu teléfono inteligente, abres una aplicación en tu teléfono. ¡Entonces mira! Una amiga compartió una foto de su viaje a Bora Bora. De lo siguiente que te das cuenta es que has hecho clic en 43 de sus fotos.

También has abierto tres ventanas del navegador para averiguar cuándo ir a la isla del Pacífico, cómo conseguir una buena oferta en hoteles de cuatro estrellas y qué traje de baño es mejor para tu tipo de cuerpo. En la red social donde más que nada se comparten fotos, hay tres nuevos mensajes y 15 nuevos me gusta del sitio de trajes de baño. Deberías echarles un vistazo. Una hora más tarde, recordaste que solo estabas tratando de averiguar qué comer durante la semana.

Ahora estás siguiendo a los lugareños y colocando un nuevo sombrero de paja en tu tablero "Lo que necesito" para la playa.

Esta fuga de tiempo digital es real.

Siempre podemos alcanzar nuestros teléfonos, computadoras portátiles, relojes inteligentes y tabletas, lo que nos ha hecho estar más conectados y más distraídos.

Nos hacen sentir que somos parte de sus historias, pero no nos sentimos así con nuestras propias vidas. "No importa dónde mires, parece que nadie está prestando atención a lo que sucede a su alrededor y, en cambio, está mirando un dispositivo", dijo el médico. La familia, el trabajo y otros problemas están empeorando a medida que estamos menos conectados entre nosotros. Es por eso que estos son signos de que alguien es adicto. Piensa que "adicción" es una palabra demasiado fuerte para la necesidad de revisar todo, desde estar checando tu red social de fotos hasta trabajar correos electrónicos una y otra vez.

No estoy seguro. Es un problema cuando la tecnología comienza a interferir con tu vida diaria y te vuelve adicto. Las redes sociales, en particular, son adictivas porque te dan una sensación de aprobación. Obtener "me gusta" en las imágenes o "seguir" en las noticias nos hace sentir como si estuviéramos vivos, como cuando alguien nos sonríe en la vida real. En pocas palabras, recibir las gracias nos hace sentir bien. Como las redes sociales siempre están disponibles, tenemos esta prueba al alcance de la mano. Recuerda, el teléfono de la manzanita tiene solo una década.

Internet, tal como lo conocemos, ha existido durante 25 años, así que ha pasado un tiempo.

Cuando los teléfonos celulares aparecieron por primera vez hace 15 años, solo podían enviar mensajes de texto y hacer llamadas telefónicas. Conectarse con personas a 4000 millas de distancia con solo hacer clic en un botón solo se hablaba en las películas de ciencia ficción.

Al igual que con la mayoría de las cosas que son populares, hay una contracultura que trata de detenerlas. Los restaurantes han comenzado a mantener los teléfonos alejados de las mesas. Las personas que no usan sus teléfonos mientras comen en un restaurante de pollo obtienen conos de helado gratis al final de su comida si dejan sus teléfonos en casa.

Se alienta a las personas que trabajan para algunas empresas de tecnología a tomar un Sabbath Digital, que es un día o parte de un día en el que se desconectan por completo y se reconectan con un mundo no digital. Incluso la nueva tecnología está surgiendo para resolver el problema de tener demasiada tecnología en nuestras vidas. Lo pones en tu billetera o cartera para usar el teléfono en modo sencillo. Solo hace llamadas y muestra la hora. Costo: $150 dólares por el teléfono y $5 dólares al mes por el teléfono. Tú decides con qué frecuencia (o qué tan seguido) quieres recibir notificaciones de las redes sociales y las aplicaciones en tu nuevo teléfono. Puedes desviar las llamadas de tu teléfono antiguo al nuevo.

También se está volviendo más popular comprar teléfonos básicos. Las ventas de teléfonos inteligentes han caído en los últimos años y los teléfonos elegantes se están apoderando del mercado. Todas estas tendencias apuntan a un cambio lento pero deliberado en la forma en que pasamos nuestro tiempo en Internet todos los días. Los expertos de la industria dijeron que incluso antes de la pandemia, la gente estaba cada vez más interesada en la desintoxicación digital.

Se encuestó a más de 4000 personas en el Reino Unido y Estados Unidos y una de cada cinco se había sometido a una "desintoxicación", y el 70 % intentó reducir la cantidad de tiempo que pasaba en línea. "Desconéctate", una start-up británica que gestiona una serie de casas de campo sin conexión a la red eléctrica cerca de Londres, inauguró cinco ubicaciones más este año, cinco años después de la primera.

Todas las cabañas estaban reservadas hasta el final del verano, aunque se abrió la primera. La gente quiere tomarse un descanso debido al encierro y todo el tiempo que pasan frente a las pantallas. Ponen cabañas a una hora de distancia del pueblo para alejarse de la ciudad. La gente pone sus teléfonos en una caja y los bloquea.

Dependerá todo de ellos durante tres noches. Solo les dan un mapa y un Nokia.

'TONTERÍAS' DIGITALES

Si deseas mejorar tu bienestar general, es posible que desees dejar de usar la tecnología por un tiempo. Esto puede ayudarte a dormir mejor, a lidiar con la ansiedad e incluso a lidiar con la depresión. Pero algunos investigadores no están seguros. Muchas veces, los beneficios no solo están relacionados con la cantidad de tecnología que no se usa. La gente dice sentirse mejor después de un fin de semana en el bosque, pero han estado de vacaciones y lo han pasado bien.

No lo pasarás mejor si simplemente eliminas la tecnología sin hacer nada más. Me sentí como si estuviera en una montaña rusa emocional.

Alejarse de tus teléfonos al comienzo de un viaje y nuevamente al final, cuando están listos para reunirse con ellos, hace que las personas se sientan más ansiosas.

Si no usas tu teléfono inteligente durante 24 horas, tu estado de ánimo y ansiedad no cambian. Las personas a menudo subestiman los posibles efectos negativos de la tecnología digital en su salud mental, pero no siempre es así. Así que probablemente no sea cierto decir que algo tan simple como apagar el teléfono puede hacerte más feliz. Aun así, el uso de la tecnología requiere tiempo y atención que algunas personas podrían pensar que podría gastarse mejor en otras cosas. Todos nosotros tenemos que encontrar un equilibrio en nuestras vidas. Tenemos que ser esposo o padre o ambos.

Siempre hay un punto en el que tienes que elegir uno. Para algunas personas, un retiro de desintoxicación digital puede ser una oportunidad para pensar en sus hábitos diarios y ver si necesitan cambiar.

Los participantes en un estudio reciente dijeron que hicieron más autorreflexión cuando tomaron un descanso tecnológico fuera de la ciudad. Después de la desintoxicación, la mayoría de las personas volvieron a usar sus teléfonos como lo hacían antes. Algunas personas decidieron reducir la cantidad de tiempo que pasaban en sus teléfonos. Muchas personas descubrieron que no había nada importante esperándolos cuando volvieron a encender sus teléfonos. Esto les hace pensar en cómo pueden deshacerse de sus teléfonos durante unas horas al día y concentrarse más en el trabajo o la diversión.

¿Por Qué A Nuestro Cerebro Le Encantan Los Botones Físicos?

EL RECONOCIMIENTO de gestos y el panel táctil, los comandos de voz, las pantallas táctiles y las herramientas de dibujo existen desde hace un tiempo. Así es como funciona el mouse moderno: es inalámbrico, tiene un láser y tiene muchos botones. Pero su diseño y funcionalidad básicos son casi los mismos que los del mouse original que mostró una compañía hace 50 años, por lo que no es muy diferente. Se necesitó un cambio de formato para crear algo que incluso se acerca al mouse: la pantalla táctil de su teléfono. Las pantallas táctiles son perfectas para un dispositivo móvil pequeño como el teléfono de la manzanita porque son fáciles de usar. Pero al igual que el ratón, siguen siendo principalmente una tecnología física que puedes sentir. Las asistentes que tenemos en las bocinas y en los teléfonos son buenos para algunas cosas, pero ¿con qué frecuencia los usas para usar una aplicación o enviar un correo electrónico?

. . .

Los mejores productos tecnológicos no son todos digitales, y las tecnologías físicas como el mouse y la pantalla táctil existen desde hace mucho tiempo. Algo híbrido es una tecnología que combina lo digital con lo analógico o lo virtual con el mundo real o lo automatizado con lo humano.

Hay que mirar nuestra evolución y anatomía cerebral para entender por qué amamos los híbridos. Así que puedes usarlo sin tener que pensar en ello. A la gente le encantan los botones físicos grandes y gruesos porque son fáciles de alcanzar y presionar.

La Q es una gran cámara en parte porque es tanto una cámara como un teléfono. Un sensor digital y una increíble cantidad de sensibilidad a la luz son solo dos de las cosas que hacen que esta cámara sea tan buena. También tiene las mejores partes de ambos mundos, como una buena cámara (un conjunto intuitivo de controles físicos, un obturador real). Los productos tecnológicos que son buenos y buenos se llaman "híbridos". Se dice que el que fue fundador de la manzanita odiaba los botones, por lo que trató de deshacerse de ellos en los productos de su empresa. Mientras estos teléfonos sigan teniendo su botón de inicio, ni siquiera él pudo eliminarlo. Permite a las personas volver a las opciones del menú o volver a una pantalla de inicio consistente (y continúa existiendo incluso en los tabletas de última generación, aunque se eliminó en el teléfono después de la generación X).

Es más fácil navegar por una nueva aplicación o sitio web si tienes la base y la capacidad de volver al botón Inicio. En lugar de perderse en las infinitas opciones de una interfaz de voz abierta, se siente como caminar por un sinuoso sendero de jardín en el mundo real. Las nuevas funciones en una aplicación desconocida no tienen por qué ser aterradoras para probar porque sabes que siempre puedes volver a casa presionando un botón justo en frente de ti.

Otros dispositivos solo están ahí para dar a la información digital una sensación física y analógica. La mayoría de nosotros podemos leer libros electrónicos en la pantalla de un teléfono celular. Un dispositivo digital que intenta hacerte sentir como si estuvieras leyendo un libro real. Los libros electrónicos de gama alta utilizan pantallas de tinta electrónica, que mueven tinta real alrededor de una pantalla llena de líquido de manera electrónica, lo que hace que la pantalla se vea y se sienta como una página impresa real.

A la gente le encantan los híbridos porque pueden ser diferentes y hacer lo mismo. Los cerebros pueden ser los culpables. Los humanos son muy táctiles y físicos. Nuestra piel tiene cuatro tipos de mecanorreceptores, que permiten que nuestro cerebro sienta el tacto. Tres de ellos pueden sentir sensaciones táctiles básicas, como la presión y cómo se mueve nuestra piel. Pero también tenemos un cuarto tipo de receptor táctil muy especial y muy sensible: el corpúsculo de Pacini, que se llama así.

Los corpúsculos de Pacini pueden decir cuándo hay vibraciones en el aire. Los mecanorreceptores no son tan sensibles al tacto como otros tipos de mecanorreceptores.

Cuando usamos herramientas, podemos usarlas como si fueran parte de nuestro propio cuerpo. Esto se debe a que nuestros cuerpos pueden captar vibraciones. Imagina que tienes un martillo en la mano. Pequeñas vibraciones suben por su mango y llegan a tu mano cuando golpeas un clavo con él. Tus corpúsculos de Pacini captan estas diminutas vibraciones. Los convierten en señales eléctricas y las envían a tu cerebro. Luego, tu cerebro los procesa en las mismas partes del cerebro que procesan las cosas que tocan tu piel.

Si pones mecanorreceptores dentro del martillo, parece que también lo hiciste. Incluso si golpeas mucho las cosas, tu cerebro mejora en la comprensión de las vibraciones que captan tus corpúsculos de Pacini. El martillo comienza a sentirse como una parte de ti.

. . .

Los corpúsculos de Pacini también te permiten trabajar con otros tipos de herramientas, para que puedas usarlas. Cada bache en el camino envía vibraciones a través del volante y hacia tus manos. También puedes leer Braille con los dedos, tocar la lana o incluso la pantalla de tu tableta. Los corpúsculos de Pacini pueden haber evolucionado para que pudiéramos usar herramientas como un martillo de piedra (o una aguja de coser).

Solía ser que cuando usábamos interfaces físicas para herramientas tecnológicas, nuestros cuerpos no estaban involucrados en absoluto. Usa tus corpúsculos de Pacini cuando gires el dial de velocidad del obturador en tu Leica Q, y especialmente cuando sientas el pequeño "golpe" de tu obturador al apagarse. De la misma manera, cuando presiono el botón de cambio de página físico en mi lector digital de libros y siento el clic satisfactorio, es lo mismo.

Incluso si no tienes ningún control físico sobre una pieza de tecnología, tus corpúsculos de Pacini y otros mecanorreceptores aún se divierten. Los teclados virtuales en los teléfonos celulares son fáciles de usar en parte porque producen vibraciones falsas cuando tocas una tecla virtual. Para hacer que estas vibraciones artificiales sean lo más reales posible, los científicos han dedicado mucho tiempo a modificarlas.

. . .

Cuando presionas una tecla o botón falso en la pantalla, se siente (para tus corpúsculos de Pacini y, por lo tanto, para tu cerebro) como tocar algo real.

El campo que asegura que estas sensaciones físicas sean lo mejor posible se llama háptica, y es parte del campo de la ergonomía. Las empresas de hardware como la compañía de la manzanita saben que los hápticos pueden hacer o deshacer un dispositivo o una aplicación, por lo que escriben guías detalladas para que las sigan otros diseñadores.

Una buena háptica, por ejemplo, debería ser fácil de predecir. Esto es lo que dice la misma compañía en su guía: Si usas un efecto que no soporta presentar una causa y efecto, puede ser confuso y parecer que fue solo para mostrar.

Esta previsibilidad permite que tus corpúsculos de Pacini y tu cerebro aprendan cómo te hace sentir un determinado dispositivo o aplicación (al igual que un botón de inicio físico permite caminos predecibles a través de una interfaz desconocida). Hay cosas que permanecen en tu cerebro con el tiempo, haciendo que parezca que la aplicación o el dispositivo es parte de tu cuerpo. Si los hápticos no son predecibles, es posible que tu cerebro no pueda decir lo que estás sintiendo. Sería difícil aprender a trabajar con un martillo si las vibraciones cambiaran cada vez que lo levantas. Lo mismo ocurre con una aplicación que cambia tu háptica con cada nueva actualización. Esta es la razón por la cual los excelentes productos híbridos son tan divertidos de usar y tan exitosos: tienen buenos hápticos o un buen diseño físico si tienen interfaces físicas reales como los teléfonos. Estos dispositivos se comunican con nuestro cerebro a través de nuestros corpúsculos de Pacini. Usan el mismo hardware que existe desde hace mucho tiempo para permitirnos usar herramientas.

Los asistentes virtuales también pueden parecer una presencia extraña y ajena porque no tienen sentido del tacto.

No tiene sentido que estés haciendo algo cuando hablas con tu asistente. Esto significa que incluso un bebé puede tomar un dispositivo físico, como una tableta, y comenzar a jugar de inmediato. Las interfaces de voz, por otro lado, requieren práctica. La gente ha usado ratones durante años porque hacen que tu brazo y tus dedos se sientan como partes de la computadora que estás controlando. También usan hardware neuronal que los humanos han usado por un largo periodo de tiempo. Si deseas realizar ese tipo de conexión, no puedes hacerlo con ningún otro dispositivo de entrada, especialmente uno que solo use sonido.

Los diseñadores que quieren hacer grandes productos tecnológicos tienen que hacer híbridos deliberadamente.

. . .

Hay muchos beneficios en el uso de la tecnología, pero también hay muchas necesidades humanas básicas de cosas que podemos levantar, sostener y tocar. Esto significa aprovechar ambos. Hay muchas cosas pequeñas a las que la gente no presta atención, cómo hacer clic un botón o cómo se siente un teclado virtual al tacto. Pero se conectan con algo que es profundo, físico y muy humano. Obtener interacciones híbridas correctas puede ser la diferencia entre hacer un buen producto tecnológico y hacer uno que cambie tu vida. Para facilitar que los humanos se enganchen con ellos.

¿ESTÁN ALTERANDO LOS DISPOSITIVOS DIGITALES NUESTROS CEREBROS?

Recientemente, un escritor de tecnología escribió un libro en el que agregó "¿El buscador más famoso de internet nos está haciendo más tontos?" Pensó que la respuesta era "sí".

Dijo que Internet había cambiado el cerebro de las personas a lo grande. Se estaba volviendo cada vez menos capaz de concentrarse, recordar cosas o leer más de unas pocas páginas de texto. Y esa es solo una de las cosas que la gente dice sobre Internet y los dispositivos que usamos para acceder a él, como teléfonos celulares, tabletas, consolas de juegos y computadoras portátiles.

. . .

Los videojuegos que involucran peleas o guerras son a menudo objeto de quejas. Dicen que estos juegos vuelven violenta a la gente. Las personas que promueven los juegos de entrenamiento mental dicen que sus productos pueden ayudar a las personas a mejorar su atención, memoria y reflejos. ¿Quién, si alguien, tiene razón?

La respuesta no es tan simple como crees. Los hallazgos de los neurocientíficos mostraron que el cerebro es más flexible de lo que se pensaba. Puede haber una razón por la que Internet ha tenido un efecto en él. Puede cambiar con el tiempo, lo que podría ser el motivo.

No hay evidencia de que vivir con nuevas tecnologías cambie la forma en que se organiza el cerebro para afectar la capacidad de concentración de una persona. Mientras haya debate, seguirá. ¿De dónde viene la idea de que nos estamos volviendo "estúpidos"? Proviene en parte del hecho de que prestamos atención a los dispositivos digitales. Hay muchas cosas que pueden hacer feliz al cerebro humano.

Estas cosas pueden ser un mensaje de un amigo, una historia divertida compartida en las redes sociales o una oferta en una tienda en línea. El deseo de estas "golosinas" puede impedir que prestemos atención a otras cosas que necesitan nuestra atención.

. . .

Las personas pueden sentirse abrumadas por la información constante, pero algunos piensan que se han vuelto multitarea. Piensan que pueden alternar entre la red social del pajarito y el trabajo, incluso mientras conducen, y no perder eficiencia. Pero muchas investigaciones muestran que esta impresión es solo un mito. Cuando las personas intentan hacer dos o más cosas que requieren su atención simultáneamente, su trabajo sufre. Las personas que navegan por Internet también son susceptibles a un tipo de sesgo cognitivo denominado efecto de primacía. Prestan más atención a las primeras piezas de información que ven que al resto.

El entrenamiento no te ayuda a ser capaz de realizar múltiples tareas.

Por otro lado, la multitarea en Internet hace que las personas sean menos eficientes al cambiar de una tarea a otra. No pueden concentrarse en una cosa a la vez y son demasiado fáciles de distraerse con las cosas que suceden a su alrededor. Los miembros de la generación de "nativos digitales", por otro lado, probablemente no puedan dividir su tiempo entre varias tareas o cambiar de una actividad a otra rápidamente. En otras palabras, la multitarea digital hace poco más que hacer que las personas piensen que son más competentes de lo que son.

. . .

No tienes que cambiar tu cerebro para mantener tu capacidad de atención. Puedes ayudarte a ti mismo pensando en lo que más lo distrae y buscando formas de protegerse de esas distracciones. Y también tendrás que ser un poco más autocontrolado. ¿No puedes mantenerte alejado de las notificaciones de tus redes sociales? Apágalos mientras estás en el trabajo. Un pequeño video-juego sería divertido. No dejes tu dispositivo donde puedas verlo o donde sea fácil de alcanzar.

Evidencia de agresión

¿Qué pasa con la afirmación de que los videojuegos hacen que las personas sean más violentas? Múltiples informes están de acuerdo con esto.

La Asociación Estadounidense de Psicología descubrió que jugar videojuegos violentos hace que las personas sean más agresivas y menos comprensivas con las personas que han sido lastimadas. La conclusión proviene tanto de la investigación de laboratorio como de la observación de las poblaciones de personas que juegan juegos en línea. En el caso de los jugadores, cuanto más juegos violentos jugaban, más enojados se volvían.

· · ·

Sin embargo, hay algunos problemas con la investigación sobre la agresión. Si deseas medir la agresión en un laboratorio, puedes darles a las personas la oportunidad de castigarlas, como darles una salsa muy picante para comer. Este tipo de castigos no es muy probable que ocurran en la vida real. Fuera del laboratorio, podrían pensar los participantes más sobre cómo sus acciones podrían ser dañinas. Y a las personas que estudian a los jugadores les resulta difícil darse cuenta de lo que sucedió. No, los videojuegos no hacen que la gente sea más violenta. Las personas naturalmente agresivas son más propensas a jugar videojuegos.

Por lo tanto, se necesita más investigación y se necesitará una combinación de diferentes métodos. Los investigadores están de acuerdo en que es necesario tener cierta precaución, comenzando con la moderación y la variedad: una hora aquí y allá jugando juegos de lucha no te convertirá en un psicópata sin cerebro, pero tiene sentido evitar jugarlos durante días, incluso si los disfrutas.

¿Juegos para mejores cerebros?

Las personas que juegan videojuegos dicen que tienen mejores tiempos de reacción, capacidad de atención y memoria de trabajo que las personas que no juegan en absoluto. Los juegos de acción, que son dinámicos y divertidos, pueden ser especialmente buenos para enseñar a los jugadores cómo reaccionar rápidamente, concentrarse en información importante y recordar. Por ejemplo, los juegos de la serie más famosa de juegos de armas, en los que los jugadores actúan como soldados, afectan la memoria de trabajo visual (memoria a corto plazo). Esta habilidad mejoró después de 30 horas de juego. A la gente se le preguntó muchas veces si un grupo de cuatro a seis cuadrados de colores era igual a otro grupo que se había mostrado dos minutos antes. Sin embargo, esto no está ni cerca de la vida real. Además, no está claro cuánto de lo que aprenden los jugadores se puede usar en su vida diaria.

Este es un gran problema para la industria del entrenamiento mental, que ha crecido mucho desde la década de 2000. Estas empresas suelen ser muy buenas para promocionarse. Dicen que, si haces diferentes ejercicios y juegos de computadora durante unos minutos al día, puedes mejorar tu memoria, capacidad de atención y tiempo de reacción. Una serie de entrenamiento y evaluación del cerebro de una famosa cadena de televisión es una de ellas, al igual que la empresa que las fabrica. Para "campo de visión útil", tiene UFOV.

Los juegos basados en UFOV suelen tener un coche y un cartel en la pantalla. Luego, hay otro coche. El jugador hace clic en el automóvil original y también en el lugar donde apareció la señal de tráfico. Hay una razón por la que se supone que los grupos de cosas deben seguir moviéndose rápidamente.

Las personas que lo han usado dicen que les ha ayudado a mejorar su juego de bolos, conseguir un trabajo, reavivar su creatividad y tener más confianza en el futuro. Sin embargo, hay algunas discrepancias. Un estudio llamado Estudio de Entrenamiento Cognitivo Avanzado para Independientes y Ancianos (ACTIVE) respalda la afirmación de esta empresa de que el entrenamiento puede mejorar los tiempos de reacción en jugadores mayores y reducir el riesgo de causar un accidente automovilístico a casi la mitad. Pero en una revisión de los programas de entrenamiento cerebral, no son tan buenos. El documento, que analizó el estudio ACTIVE en gran detalle, encontró que el riesgo general de tener un accidente, que es lo más importante, se redujo muy poco. Los productos de entrenamiento cerebral mejoran el desempeño en tareas que se entrenan directamente, pero la transferencia suele ser débil.

El juego de entrenamiento, que otra compañía de videojuegos creó a mediados de la década de 2000, es otro ejemplo de resultados opuestos. Este juego también le pide al jugador que preste atención y recuerde cosas.

No, no ayuda con las habilidades matemáticas generales.

. . .

No, el juego no mejoró la rapidez con la que los niños podían hacer los cálculos. En conjunto, los resultados de los estudios no son muy claros. Es necesario responder a varias preguntas, como cuánto debe durar una intervención y a qué edades podría ser útil. Las respuestas pueden variar según el tipo de intervenciones que se estén analizando.

Sin un crecimiento explosivo de la capacidad es probable que los juegos de entrenamiento mental ayuden a las personas a mejorar sus habilidades mentales en pequeñas formas, no a causar una "explosión" en sus habilidades mentales. De hecho, los beneficios medidos son mucho más débiles y de corta duración que los beneficios obtenidos a través de los métodos tradicionales.

Asegúrate de poner a prueba tu memoria con frecuencia y haz que la información que aprendas sea lo más relevante posible para tu propia vida cuando practiques recordar cosas. Por ejemplo: si recuerdas una lista de compras, piensa para qué receta vas a comprar los ingredientes y para qué cena del día es. Los juegos de entrenamiento mental no te hacen pensar en lo que sabes, pero este tipo de enfoque sí lo hace.

. . .

Es importante usar nuestra mente para luchar contra otro peligro moderno: difundir noticias falsas en las redes sociales. De la misma manera que los dispositivos digitales nos hacen más propensos a distraernos, las noticias falsas nos hacen más propensos a creer lo que queremos creer. La educación es la respuesta a ambos problemas. Los jóvenes necesitan aprender a mantenerse enfocados, controlar tus impulsos y pensar críticamente más que nunca. No importa dónde estemos. El mundo virtual siempre está cerca.

La tecnología ha cambiado la forma en que las empresas y sus empleados hacen negocios en el mundo actual. Obviamente, vivir en un mundo virtual es mejor que vivir en la vida real. Es fácil para nosotros estar en contacto en todo momento gracias a los teléfonos inteligentes, tabletas e Internet inalámbrico. Pero también hay algunas sorpresas.

Puede ser muy difícil controlar cuánto tiempo pasas en dispositivos digitales e Internet. Si no lo haces, podrías volverte muy adicto a ellos.

Más del 61% de los adultos dicen que son adictos a Internet y las pantallas digitales. Se pierde mucho tiempo y concentración debido a esto: ¿Qué es lo que se lástima?

La familia, amigos, nuestro bienestar, la felicidad y las metas personales o profesionales son todas importantes.

La tecnología en el lugar de trabajo y la cultura corporativa tienen mucho que ver con cómo se sienten los empleados acerca de su salud y bienestar. La sobrecarga digital puede ocurrir cuando se usa mucha tecnología en el trabajo.

Además de la sensación de que siempre estás conectado o disponible, las redes sociales y los videojuegos pueden ser adictivos. Esta es la razón por la cual el mundo digital afecta a las personas. Ahora se habla mucho de tomar un descanso de sus dispositivos digitales.

¿CÓMO EL TIEMPO DE PANTALLA PUEDE RETARDAR EL DESARROLLO DE TÚ HIJO?

Muchos padres han dado en algún momento a sus hijos un dispositivo o pantalla para mantenerlos ocupados o entretenidos. Algunas estimaciones dicen que los niños pasan de cinco a siete horas al día frente a la pantalla. Eso está bien de vez en cuando. Pasar demasiado tiempo frente a una pantalla puede perjudicar el desarrollo de un niño en muchos niveles diferentes.

· · ·

Cuando un niño pasa demasiado tiempo frente a la pantalla, no le va bien en la escuela.

También tienen problemas para interactuar con sus compañeros, lo que significa que no podrán desarrollar las habilidades sociales adecuadas e interactuar con las personas de una manera que sea apropiada para ellos.

Efectos de demasiado tiempo frente a la pantalla

Es posible que los niños que pasan mucho tiempo en Internet no comprendan los sentimientos de otras personas.

Esto podría resultar en que un joven tenga menos amigos, tenga conexiones negativas y tenga baja autoestima. Es más, los estudios han relacionado el aumento del uso de pantallas por parte de los niños pequeños con dificultades mentales y familiares. Pasar demasiado tiempo en las redes sociales antes de acostarse puede dificultar que los niños duerman bien por la noche y crear problemas en la escuela, similares a los signos de hiperactividad por trastorno de déficit de atención (TDAH). Los niños deben apagar sus teléfonos y tabletas al menos una hora antes de acostarse. Es posible que tu hijo esté pasando demasiado tiempo en la computadora u otros dispositivos digitales.

Se enojan y se entristecen cuando no tienen acceso a ellos.

Modela buenos hábitos frente a la pantalla

Los padres que deseen limitar el tiempo de pantalla deben tener en cuenta que es importante que ellos hagan lo mismo. Sentarse a una comida familiar es bueno para el desarrollo social, familiar y emocional, por lo que es especialmente importante apagar los dispositivos a la hora de la cena. Los padres deben dejar de usar las redes sociales y poner lejos sus teléfonos celulares cuando están haciendo cosas juntos como familia para enseñar a los niños buenos hábitos de tiempo frente a la pantalla. Así es como aprenden buenos hábitos de tiempo frente a la pantalla.

DEMASIADO TIEMPO ANTE LA PANTALLA ES DAÑINO PARA EL DESARROLLO DE LOS NIÑOS (ESPECIALMENTE PARA LOS MENORES DE 5 AÑOS)

Todo suma. La caricatura mientras yo estaba desayunando. Puedes ver vídeos mientras haces la cena ¿Cuándo te metiste a bañar? No debe haber más de una hora de tiempo de pantalla por día para los niños que están en preescolar.

Los niños en edad preescolar que estuvieron expuestos a las pantallas incluso antes de nacer tuvieron un efecto negativo en el desarrollo de su cerebro. El estudio analizó a 2441 niños y su uso del tiempo frente a la pantalla desde el nacimiento hasta los 5 años.

La exposición temprana a un tiempo excesivo frente a la pantalla a los 24 meses se vinculó con resultados de desarrollo más bajos a los 36 meses, y a los 36 meses, la exposición al tiempo frente a la pantalla también se relacionó con un menor desarrollo mental a los 60 meses.

¿Por qué el tiempo frente a la pantalla es tan perjudicial?

Cuando un niño es muy pequeño, su mente está en una etapa muy importante. Los niños, especialmente los menores de 5 años, necesitan moverse y sentir curiosidad por su entorno para aprender sobre sus cuerpos. Si pasan todo el tiempo mirando un dispositivo electrónico, no podrán hacer eso. Los padres a menudo no se dan el crédito suficiente por poder enseñar a sus hijos mejor que un aparato. Se necesita mucho tiempo para que todos estos pequeños signos de desarrollo se acumulen y se fortalezcan.

Si bien muchos padres piensan que la tecnología podría enseñar mejor o de manera más efectiva a sus hijos, no parece ser el caso, incluso si creen que lo es.

No subestimes el valor del tiempo cara a cara

Los niños necesitan pasar mucho tiempo cara a cara con sus padres y cuidadores durante los primeros años. Esto les ayuda a aprender a comunicarse tanto verbal como no verbalmente. Incluso si es un poco agotador, simplemente siéntate con tu hijo o persíguelo y déjalo jugar en su propio espacio. Tan pronto como estén tranquilos, léeles un libro o jueguen con juguetes de la "vieja escuela" como bloques y rompecabezas que no tienen partes electrónicas. Hay muchas cosas que los niños pueden hacer y aprender cuando esto sucede. Hay muchos beneficios al establecer límites y expectativas temprano. Esto se debe a que es más fácil comenzar con hábitos saludables de tiempo frente a la pantalla que cambiarlos después de haberlo hecho. Ten en cuenta que ningún padre es perfecto, así que no lo olvides. En cualquier momento, puedes dar un paso atrás, hacer un reinicio y hacer un nuevo plan que funcione mejor para tu familia.

. . .

ANIMAR A TUS HIJOS EN EDAD DIGITAL A AMAR EL AIRE LIBRE

No es raro que un niño de 3 años sepa usar una tableta o un teléfono inteligente. No se siente tan seguro afuera como adentro, frente a una pantalla. A pesar de las tentaciones de la tecnología, ¿cómo puedes ayudar a tus hijos a enamorarse del aire libre?

Si deseas que los niños de todas las edades dejen de usar sus teléfonos y jueguen afuera, aquí hay algunos consejos:

- **Los años de la niñez: alentando a los pequeños exploradores**

Los niños de dos a tres años son aventureros y es fácil salir con ellos. Quieren tocar, oler e incluso comer las cosas que los rodean. A la edad de tres o cuatro años, los niños se convierten en "pequeños científicos" Realizan experimentos para ayudarlos a entender el mundo que les rodea y hacen esto todo el tiempo.

Eres el mejor juguete para tu hijo de 2 años. Cuanto más interactúes y le demuestres a tu hijo que te preocupas por el mundo natural, más mostrará tu hijo ese mismo interés. Es mejor no hacer que salir a la calle parezca una obligación o una forma de ponerse en forma. Deja que tus hijos te vean como una oportunidad emocionante de ver, oler y escuchar cosas nuevas en un lugar hermoso y emocionante. La próxima vez saldremos a caminar con la esposa de nuestras hijas y señalaremos nuevos pájaros o animales, o hablaremos sobre los colores de las flores que vemos en el camino.

- **Los primeros años escolares: Encontrar actividades divertidas**

En los primeros años de la escuela, es posible que los niños no estén tan interesados en salir a la calle para ver cómo es el mundo. Encuentra cosas que les gusta hacer al aire libre y trabaja desde allí. Es una buena apuesta que a la mayoría de los niños les encanta nadar. Además, los deportes pueden ser una buena manera de alejarse de la pantalla. Encuentra un ejercicio que tanto tú como tus hijos disfruten, para que ambos puedan mantenerse saludables. Si es una tarea, todos encontrarán maneras de evitarlo. Encuentra cosas que les gusten a los niños. Luego hazles sentir que se están divirtiendo, para que no sientan que tienen que comer sus vegetales.

Es posible que tus hijos estén creciendo y no les guste jugar afuera. Si este es el caso, busca un zoológico, un acuario, un jardín botánico u otro lugar natural para visitar. Los niños pueden salir o entrar a los atrios en muchos museos de arte, incluso si tienen días de entrada gratuita.

Los años de la adolescencia: programar tiempo al aire con opciones

Cuando usas una computadora o juegas un videojuego, están diseñados para llamar tu atención. Y nadie está más en riesgo que los adolescentes. Entonces, cuando tus hijos son adolescentes, es posible que debas hacer que salgan.

Creando una estructura, pero dejando que tus hijos tomen decisiones dentro de ella.

Por ejemplo, bríndales un plan para la semana, pero permíteles elegir cuándo o con qué frecuencia no pueden usar sus teléfonos o tabletas. Luego, ten algunas opciones al aire libre para cuando no sea posible quedarse adentro.

A veces, tienes que decir: 'Ya es suficiente'. Tienes que lidiar con las quejas. La diversión no siempre es la mejor opción.

· · ·

Tienes que dejar que los niños actúen por sí mismos en la estructura que estableces. Incluso si los niños son escépticos al principio, es probable que cambien de opinión si tienen algo que decir sobre cómo pasan su tiempo al aire libre.

Asegúrate de seguir las mismas reglas que estableces para los adolescentes. Si les dices que guarden sus teléfonos, apaga el tuyo. No es justo esperar que un adolescente haga algo que tú no quieres hacer. Será mejor para todos si su familia pasa más tiempo al aire libre y menos tiempo viendo la televisión.

2

¿Qué Es Un Detox Digital?

UNA DESINTOXICACIÓN digital es un momento en el que no usas tu computadora o teléfono inteligente durante un corto período de tiempo para romper los malos hábitos y estar más presente en el mundo real. Durante este tiempo, no usas dispositivos digitales en absoluto o pasas menos tiempo en línea y en ciertos dispositivos o aplicaciones. La desintoxicación digital es cuando dejas de usar dispositivos digitales como teléfonos inteligentes y computadoras.

La palabra "desintoxicación digital" se agregó al diccionario de Oxford en 2013, seis años después del lanzamiento del primer teléfono de la manzanita. Esta fue la primera vez que se agregó la palabra. Así es como ha cambiado desde entonces: la cantidad de tiempo dedicado a los dispositivos digitales e Internet ha aumentado. A medida que pasa el tiempo, se ha convertido en una segunda naturaleza estar conectado e inmerso en el mundo digital. Al mismo tiempo, se formó una cultura de "siempre conectado".

Esto es lo que ha sucedido en los últimos 10 años. Como todo el mundo tenía un teléfono inteligente, empezaron a surgir cosas nuevas como el trabajo sin límites y la obsesión por las redes sociales.

Mientras tanto, muchas investigaciones han demostrado que el uso de las redes sociales puede tener efectos sociales y emocionales negativos en las personas. Agrega eso el daño físico que puede ocurrir cuando es absorbido por pantallas grandes y pequeñas: pulgares torcidos por golpes, hombros encorvados, y ojos aturdidos por la luz.

La distancia física y el trabajo desde casa hacen que esta cultura sea aún más común después de la pandemia. Los dispositivos digitales se han vuelto más difíciles de apagar para nosotros que en cualquier momento en el pasado. El tiempo desaparece en un pergamino largo o en una madriguera de enlaces que siguen y siguen. A medida que dependemos cada vez más de nuestros dispositivos digitales, es importante pensar en hacer una desintoxicación digital.

. . .

Para comprender por qué, es importante saber qué puede suceder cuando las personas usan dispositivos digitales sin que los revisen.

LOS PELIGROS DEL USO DIGITAL EXCESIVO

Nuestras vidas se vuelven más fáciles con la ayuda de la tecnología, pero no siempre nos hace más felices. Las investigaciones han demostrado que la tecnología puede hacer que las personas sean menos felices y más inteligentes.

Nuestra salud mental y productividad disminuyen cuando usamos demasiada tecnología en el trabajo. También lo es la falta de disciplina o límites en el trabajo durante el día, que también es malo. De la misma manera que las drogas y el alcohol dañan tu cerebro, la adicción a las pantallas o a la tecnología también daña tu cerebro. Las personas que pasan demasiado tiempo en computadoras y teléfonos inteligentes tienen más probabilidades de estar estresadas y deprimidas.

Las personas que usan computadoras y teléfonos al mismo tiempo tienen más probabilidades de tener estos síntomas. Si quieres cambiar el mundo, tendrás que pagar por ello. En los últimos 20 años, la tecnología ha cambiado el mundo.

Si bien hay muchas cosas buenas acerca de vivir en un mundo lleno de tecnología, también debemos pensar en cómo la tecnología ha cambiado nuestras vidas para peor.

Pocas cosas se pueden comparar con lo importante que es para nuestra vida diaria. La tecnología ha cambiado el mundo en el que vivimos a lo grande. Mucho ha cambiado.

Es fácil conectarse a Internet y a las redes sociales con teléfonos celulares y computadoras que tienen acceso a Internet. Podemos hacerlo en cualquier momento, las 24 horas del día y los 7 días de la semana.

Puede haber muchas desventajas al adoptar una nueva tecnología al principio. Ahora casi no tenemos tiempo de inactividad. Es posible que estés pegado a tu teléfono o tableta todo el día. Tal vez no puedas dejar de mirar tu teléfono y ni siquiera puedas comer sin ser interrumpido por un mensaje de texto u otra alerta. Los adultos no son los únicos que tienen que lidiar con esto. Los adolescentes y los niños también ven sus vidas afectadas por la tecnología todos los días. La mayoría de las personas probablemente han tenido este problema al menos una vez en sus vidas. Nos preparamos para ir a dormir por la noche, pero luego recibimos una llamada telefónica o un mensaje de texto de inmediato. Muchos de nosotros tenemos muchos problemas porque dedicamos demasiado tiempo a la tecnología.

Las siguientes son algunas de las formas en que la tecnología ha tenido una influencia significativa, y a veces negativa, en nuestras vidas:

1. **La tecnología afecta nuestros hábitos de sueño.**

La tecnología ha tenido un gran impacto en la forma en que dormimos.

A menudo nos quedamos despiertos hasta muy tarde cuando enviamos mensajes de texto o revisamos las redes sociales. Incluso cuando estamos cansados, es difícil guardar los teléfonos. ¿En qué momento te diste la vuelta para revisar tu teléfono?

Tanto niños como adultos pierden mucho tiempo viendo videos divertidos de gatos u otras cosas que no son muy interesantes. Es difícil alejarse de las aplicaciones que están hechas para mantenernos enganchados. Todo esto conduce a un sueño interrumpido y malos hábitos de sueño. A las personas que se duermen con la tele encendida también les afecta la luz de la televisión.

Hemos estado haciendo estas cosas durante mucho tiempo, empeorando aún más nuestro sueño. Por la noche, usamos más nuestros teléfonos y otros dispositivos, lo que nos dificulta dormir bien por la noche.

2. **La tecnología nos hace sentir aislados.**

Nuestro apego a nuestros dispositivos también puede hacernos sentir solos. La depresión puede ser causada por muchas personas que no se hablan entre sí. Cuando la mayoría de nuestras interacciones con los demás ocurren en línea, incluso podemos sentir que no somos parte de la raza humana. A veces, las personas que conocemos en Internet no son realmente nuestros amigos en la vida real.

Cuando se trata de eso, la comunicación electrónica está muy lejos de la verdadera amistad humana, e incluso podría dañar sus relaciones. La gente a menudo se confunde porque enviar mensajes de texto no se siente muy personal.

Mientras más nos comunicamos a través de mensajes de texto, nos separamos cada vez más incluso de nuestros amigos y familiares más cercanos.

. . .

3. **La tecnología promueve el sedentarismo.**

Es posible que a las personas que viven en un mundo lleno de dispositivos no les guste tanto como antes. No es tan saludable para los niños que juegan mucho a los videojuegos o que pasan mucho tiempo jugando en Internet.

Esto se debe a que la nueva tecnología significa que no podemos alejarnos de nuestros dispositivos. Podemos estar en el sofá viendo la tele o con el móvil en la mano. Lo que comienza como una mirada rápida a las redes sociales se convierte rápidamente en una caída por la madriguera del conejo sin salida. Tener mucho tiempo para mirar videos y las redes sociales significa que pasamos menos tiempo afuera.

4. **La tecnología es una fuente constante de distracción.**

Tener todas las respuestas del mundo justo frente a nosotros es una gran fuente de distracción.

Podría ser tan simple como tener problemas para mantener una conversación o quitarte el teléfono de la mano mientras conduces. Si seguimos recibiendo mensajes y notificaciones, perdemos la noción de qué más podríamos estar tratando de hacer. Todos han visto a personas enviar mensajes de texto o desplazarse mientras deberían estar haciendo otra cosa, y es muy molesto. No parece haber ninguna forma de alejarte de toda la información que te llega todo el tiempo. Tampoco muestra signos de detenerse pronto.

5. La tecnología provoca dolor de cuello y mala postura.

Es difícil mantenerse erguido cuando estás inclinado sobre tu teléfono celular. Muchas personas tienen dolor de espalda y cuello porque no se sientan erguidas. No mantenemos nuestros teléfonos a la altura de los ojos cuando los miramos, pero tampoco lo hacemos. En cambio, tendemos a inclinarnos y mirarlo con la cabeza baja. Todo esto conduce a malas posturas, dolor de cuello y espalda y, a veces, dolor de muñeca por el uso constante de nuestros teléfonos y tabletas.

6. La tecnología promueve un lapso de atención más corto.

Debido a las redes sociales, muchos de nosotros tenemos períodos de atención muy cortos ahora, lo cual es malo para nosotros. Recibimos muchos videos cortos y límites de texto cortos, lo que solo empeora el problema. Por lo tanto, tendemos a perder nuestra atención rápidamente a medida que pasamos de un video o publicación en las redes sociales a la siguiente.

7. Ser un acosador es mucho más fácil cuando estás escondido en línea.

Cuando las personas usan una persona en línea, tienden a ser más valientes que cuando usan una persona real. Es mucho más probable que diga algo en línea que nunca le diría a otra persona en persona. Debido al anonimato de Internet, ha habido mucho acoso cibernético. Es fácil decir cosas hirientes a alguien cuando no tienes que pagar por ello. Algunas de las cosas que la gente dice en Internet tienen el potencial de matarlos si las cosas van lo suficientemente mal. Una de las principales razones por las que los jóvenes se suicidan es porque están siendo intimidados en línea.

8. El uso de la tecnología puede atrofiar la imaginación de los niños.

El mundo en el que vivimos ha cambiado debido a la tecnología cuando se trata de cómo piensan nuestros hijos.

. . .

Jugar con cajas de cartón o hacer un fuerte con mantas cuando éramos más jóvenes es algo en lo que la mayoría de las personas mayores pueden recordar.

Lo único que teníamos era imaginación, así que era mucha. Es importante pensar en esto, y necesitamos averiguar si la tecnología nos está haciendo daño o si es buena para nosotros. En el pasado, los niños tenían que depender únicamente de su imaginación para salir adelante. Abre una tableta o juega un videojuego, y tendrán horas de diversión sin parar. Entonces, nos preguntamos cómo afectará esto la forma en que crecen nuestros hijos.

9. **La tecnología puede causar problemas de ojos y oídos.**

Si trabajas todo el día en una computadora, sabes que puede ser muy estresante para tu mente y cuerpo. Al final del día, tus ojos pueden estar borrosos y es posible que tengas problemas para concentrarte porque te quedaste mirando una pantalla todo el día, lo que te cansa. Incluso escuchar música y jugar videojuegos no ayuda a nuestra audición porque a menudo escuchamos las cosas demasiado alto. Las personas que usan auriculares pueden incluso dañar su audición.

· · ·

10. La tecnología provoca más consumo de energía y contaminación.

¿Cómo ha impactado la tecnología en nuestro mundo en términos de cuánta energía consumimos y cuánta basura producimos? Como grupo, usamos más energía que nunca antes. Las personas a las que les gusta usar mucha tecnología tendrán que pagar más porque necesitan electricidad para funcionar. También se necesita mucha energía para fabricar todos estos dispositivos, sin mencionar la enorme cantidad de desechos electrónicos que provienen de dispositivos que ya no funcionan.

11. La tecnología separa a la familia.

Si bien podemos pensar en la tecnología como una forma de mantenernos en contacto con nuestros seres queridos, lo cual es cierto, también puede tener un efecto negativo. Cuanto más usamos la tecnología en lugar de hablarnos cara a cara, más se separan nuestras familias. Los mensajes de texto no son muy personales y no se pueden usar en lugar de la interacción de la vida real. Piensa en las necesidades de tu familia cuando piensas en el frente interno. ¿Qué dispositivos realmente necesitan?

12. Internet hace que los videos explícitos estén más disponibles para los niños.

Se preocupan por sus hijos, lo cual es muy importante

para ellos debido a la tecnología. Los videos explícitos y la violencia se pueden encontrar en toda la web. No importa cuánto intentes usar los controles parentales. Tu hijo seguirá viendo demasiado.

13. **Las redes sociales producen un mundo adicto a las drogas sin límites sexuales.**

Debido a que no hay muchas reglas en las redes sociales, casi cualquier cosa puede pasar. Las drogas y el contenido sexualmente explícito se pueden encontrar por todas partes y cualquiera puede usarlos. Cuando un adulto está de acuerdo con esto, está bien, pero los niños pequeños también deberían poder usarlo. Alguien podría publicar una foto de sí mismos que no está completamente limpia en línea. Si no es algo que le darías a alguien en persona, no lo pongas en Internet.

14. **La tecnología no construye las mejores habilidades sociales.**

Creo que este es uno de los principales inconvenientes de la tecnología. Las redes sociales nos mantienen en contacto con personas que no se conocen. Nuestro contacto cara a cara entre nosotros no es tan fuerte ahora como lo era cuando éramos más jóvenes. Al final, nuestras habilidades sociales no son tan fuertes como las de las personas que pasan mucho tiempo en la vida real con otras personas. Nos volvemos menos capaces de captar las señales sociales y el lenguaje corporal, lo que conduce a una mayor interrupción de la comunicación.

15. La adicción a la tecnología se está generalizando.

Uno de los efectos más negativos de la tecnología es que las personas se han enganchado a la tecnología. Algunos videojuegos están hechos para ser adictivos, y este es un problema nuevo y creciente. El trastorno del uso de Internet, a menudo conocido como trastorno del juego en Internet, es un problema nuevo y creciente. Casi siempre tenemos algún tipo de equipo tecnológico con nosotros, y es difícil escapar de él. Aunque no existe una categorización formal para este tipo de adicción, es un problema creciente que no muestra indicios de disminuir.

16. Creciente deshonestidad debido a la pérdida de privacidad y riesgos de piratería

La gente ha estado configurando perfiles falsos durante años para complicar las cosas. Todavía no puedes estar seguro de con quién estás hablando si no lo ves en persona. Algunas personas están siendo "catfished", lo que significa que se relacionan con personas que están pretendiendo ser alguien más. Los niños pequeños y los adolescentes son los más propensos a ser engañados por este tipo de comportamiento. Es más probable que tomen las cosas al pie de la letra que los adultos que han tenido más experiencia en la vida.

. . .

17. **Estar enganchado constantemente aumenta el estrés.**

La tecnología también puede hacernos pensar que estamos siempre conectados. Lo primero que hacemos cuando nos despertamos es buscar nuestros teléfonos celulares u otros dispositivos. Revisamos nuestros teléfonos mientras comemos y mientras hacemos otras cosas.

Antes de irnos a dormir, para muchos de nosotros, lo último que miramos es nuestro dispositivo electrónico. Todo esto añade aún más estrés y ansiedad a nuestra vida diaria.

18. **La tecnología conduce al "pulgar del teléfono" y la tendinitis.**

El "pulgar del teléfono" es otra cosa mala que sucede cuando usamos nuestros teléfonos todo el tiempo. El pulgar del teléfono es el desarrollo de tendinitis en el pulgar.

Cuando envías mensajes de texto o presionas botones, usas mucho tu pulgar. Esto lleva a una condición dolorosa y duradera.

19. **A medida que nos acostumbramos al abuso en línea, podemos perder la empatía.**

La tecnología ha cambiado nuestras vidas para mal, y esto es solo una cosa más. A medida que nos acostumbramos más y más a la violencia en el Internet, es posible que ni siquiera lo notemos cuando nos suceda.

Finalmente, puedes ver los efectos negativos de la tecnología por todas partes. Estamos al comienzo de un nuevo mundo impulsado por la tecnología. Sin embargo, todavía no sabemos cómo nos afectará esto a largo plazo. Si no aprendemos a desenchufarnos, desconectarnos y apagarnos, nuestra salud empeorará.

Aunque la tecnología tiene muchas cosas buenas que ofrecernos, eso no significa que no tenga también cosas malas. Como resultado, necesitamos encontrar una manera de trabajar con la tecnología para utilizarla en todo su potencial. Una desintoxicación digital tiene la mejor oportunidad de lidiar con todos los problemas causados por el uso excesivo de lo digital al mismo tiempo. Averigüemos más sobre cómo funciona.

EFECTOS PSICOLÓGICOS

Puede ser malo para tu salud mental si usas en exceso o te vuelves adicto a la tecnología.

Éstos incluyen:

- Aislamiento

La tecnología, como las redes sociales, está destinada a unir a las personas, pero es posible que no funcione de esa manera en algunos casos. Más del triple de jóvenes de 19 a 32 años que usaban las redes sociales con más frecuencia que aquellos que no las usaban tanto dijeron que se sentían aislados de otras personas. Algunas personas pueden sentirse menos aisladas si encuentran formas de reducir el uso de las redes sociales, como establecer límites de tiempo para las aplicaciones sociales.

- Problemas de autoimagen

Nos volvemos más conscientes de la vida de otras personas cuando usamos demasiada tecnología. Nuestros amigos y familiares a menudo publican comentarios e imágenes que nos muestran lo mejor de nosotros y nos hacen sonreír. Cuando miramos estas publicaciones, a menudo pensamos mal en nuestras vidas. Cuando miras a otras personas, es difícil ser feliz. Disminuye la autoestima y aumenta el FOMO (miedo a perderse algo).

- Impacto en el equilibrio trabajo-vida

El equilibrio entre el trabajo y la vida se ve afectado por estar constantemente conectado. Hace que las personas tengan una mala ética de trabajo y una mala gestión del tiempo. El 64 por ciento de los empleados están preocupados por cuánto tiempo pasan en sus teléfonos (para el trabajo). El 61 por ciento de los empleados dice que tener que responder llamadas y correos electrónicos fuera del trabajo los estresa más. La mayoría de las personas dicen que revisar sus teléfonos en busca de mensajes relacionados con el trabajo los estresa. Esto puede suceder antes de irse a dormir (64 por ciento) y a primera hora de la mañana (34 por ciento). Esto puede suceder en cualquier momento (70 por ciento).

- Depresión y ansiedad

Las personas que tenían interacciones más positivas y apoyo social en estas plataformas tenían menos probabilidades de estar deprimidas y ansiosas. También era cierto que al revés también pasa. La gente que pensaba que tenían más interacciones sociales negativas en línea y que eran más propensos a compararse con los demás tenían más probabilidades de estar deprimidos y ansiosos. Entonces, si bien parece haber un vínculo entre las redes sociales y la salud mental, lo que las personas creen que están haciendo en estas plataformas es una gran parte de lo que sucede.

EFECTOS EN LA SALUD FÍSICA

. . .

Las personas que usan tecnología también pueden ser más propensos a tener problemas físicos, como:

- **Fatiga visual**

Hay muchas tecnologías que pueden mantener la atención de una persona durante mucho tiempo. Estos incluyen tabletas portátiles, teléfonos y computadoras. Esto podría hacer que sus ojos se cansen. La fatiga visual digital puede causar visión borrosa y ojos secos. La fatiga visual también puede causar dolor en otras partes del cuerpo, como la cabeza, el cuello o los hombros. Una serie de factores tecnológicos pueden causar fatiga visual, como:

- tiempo de pantalla
- mala postura al sentarse
- brillo de pantalla
- problemas de visión subyacentes
- brillo de pantalla
- ver demasiado cerca o demasiado lejos

La fatiga visual puede ser menos probable si tomas descansos regularmente de la pantalla. Cualquiera que tenga estos síntomas regularmente debe ver a un oftalmólogo para un chequeo:

- **Postura pobre**

Las personas también pueden tener una mala postura

porque usan sus teléfonos y computadoras. Con el tiempo, esto podría causar problemas en las articulaciones. Una posición de usuario "abajo y adelante" es aquella en la que la persona está encorvada hacia adelante y mira hacia abajo a la pantalla. Esto puede poner mucho estrés en el cuello y la columna que no necesita estar ahí.

En adultos jóvenes, se estudiaron personas que envían mensajes de texto en sus teléfonos y tienen dolor de cuello o de la parte superior de la espalda. Los resultados muestran que la mayoría de los efectos fueron a corto plazo, pero algunas personas aún tenían síntomas a largo plazo después del estudio.

Sin embargo, algunos estudios dicen que estos resultados no son ciertos.

La postura del cuello al enviar mensajes de texto no hizo una diferencia en cosas como el dolor de cuello. Un estudio encontró que las personas que envían mensajes de texto y tienen "cuello de texto" no tienen dolor de cuello a causa de ello. Aunque el estudio no tuvo un seguimiento a largo plazo, es posible que otras cosas, como la edad y la actividad física, también desempeñen un papel en el dolor de cuello.

. . .

Puedes mejorar tu postura y fuerza en tu centro, cuello y espalda si corriges los problemas de postura mientras usas la tecnología para ayudarte a mantenerte en buena forma.

Una persona que pasa largos períodos de tiempo en la misma posición, como cuando trabajan en un escritorio, pueden querer pararse o estirarse cada pocas horas para evitar poner su cuerpo bajo mucho estrés. También puede ser bueno tomar descansos breves, como caminar por la oficina cada hora, para mantener los músculos sueltos.

- **Problemas para dormir**

Es posible que las personas que usan la tecnología demasiado cerca de la hora de acostarse no puedan dormir bien.

Hay una razón para esto: la luz azul de los teléfonos, lectores electrónicos y computadoras es buena para el cerebro porque hace que funcione mejor.

Hay suficiente luz azul en esta habitación para hacer que el ritmo circadiano natural del cuerpo vaya en contra de lo que debería ser. Esto podría hacer que sea más difícil conciliar el sueño o hacer que la persona esté menos alerta al siguiente día. La luz azul puede afectar el cerebro, por lo que las personas pueden dejar de usar dispositivos electrónicos que emiten luz azul una o dos horas antes de acostarse. También está bien leer un libro o hacer estiramientos suaves en lugar de ir a la cama. También puedes darte un baño.

- **Actividad física reducida**

La mayor parte de la tecnología digital que usamos todos los días es estacionaria. Es malo para tu salud cuando pasas más tiempo usando estas tecnologías, lo que conduce a un estilo de vida más sedentario que puede conducir a cosas como:

- obesidad
- diabetes tipo 2
- enfermedad cardiovascular
- muerte prematura

Tratar de encontrar formas de alejarte de la tecnología sedentaria puede ayudarte a vivir una vida más activa.

Puede haber otros tipos de tecnología que puedan ayudar, pero no es seguro.

. . .

Las tecnologías activas, como las notificaciones de aplicaciones, los correos electrónicos y la tecnología portátil que fomenta el ejercicio, pueden ayudar a las personas a mantenerse activas durante períodos breves.

Esto podría ayudar a las personas a establecer hábitos saludables y ser más activas.

En niños

Cuando los niños son pequeños, sus cerebros todavía están creciendo. Pueden ser más sensibles a los efectos de la tecnología y el uso excesivo que los cerebros de los adultos. Las personas que observaron muchos estudios diferentes dijeron que los niños pueden tener problemas cuando usan diferentes tipos de tecnología. Los niños que usan demasiada tecnología pueden tener problemas, como:

- Bajas calificaciones y no prestar atención
- Falta de creatividad
- Retrasos en el aprendizaje de un nuevo idioma.
- Retrasos en el crecimiento social y emocional
- La falta de actividad física y la obesidad.
- Una mala noche de sueño provoca problemas sociales, como incompatibilidad social y

ansiedad, comportamiento agresivo y una
fuerte adicción a estas tecnologías

• IMC más alto

Es importante enseñar a los niños a usar estas tecnologías de manera saludable, monitoreando cuánto tiempo
les dedican y brindándoles alternativas interesantes.
Descubrieron que los adolescentes que usaban muchas
computadoras y medios digitales tenían más probabilidades de tener problemas de atención e hiperactividad
(TDAH). El uso de medios digitales no causa el TDAH,
pero existe un vínculo entre las dos cosas. Se necesita más
investigación para averiguar qué significa esta relación.

Se cree que los niños y adolescentes de todas las edades
no son saludables debido a la tecnología. Los padres y
cuidadores deben vigilar cuánto tiempo pasan sus hijos
frente a la computadora. La Academia Estadounidense
de Pediatría dice que los niños menores de 18 meses no
deben estar en la computadora o la televisión en absoluto.
Las personas de 2 a 5 años solo deben ver televisión o
películas de alta calidad con un adulto durante no más de
una hora al día.

CÓMO LOS DISPOSITIVOS ARRUINAN LAS RELACIONES Y CORROMPEN LAS EMOCIONES

. . .

Tan pronto como te acuestes con tu pareja, es hora de apagar el teléfono y concentrarte en tu relación. Si no, pasarás más tiempo jugando con tu teléfono celular, control remoto de TV o tú reproductor de música que hablando con tu pareja al final de un largo día.

La tecnología se ha apoderado de nuestras vidas personales más de lo que jamás hubiéramos creído posible gracias a ella. Se suponía que ayudarían a las personas a conectarse y unirlas, pero ahora son lo único que los mantiene separados unos de otros.

Mientras tú y tu familia disfrutan de una velada tranquila, tus compañeros de trabajo empiezan a enviarte mensajes locos. No tienen nada más que hacer. Lo que han hecho los dispositivos es hacer que los límites de tu propio espacio sean menos claros. Puedes salir de la oficina en persona, pero cualquiera puede comunicarse contigo en cualquier momento. Así que en realidad no sales de tu área de trabajo en absoluto, ¿verdad? Piensas en ello todo el tiempo. Puede que estés hablando de algo muy privado con tu novia cuando suena el teléfono. Puede ser una solicitud de amistad de alguien que no conoces. Si tú y tu pareja se pelean por mensajes de texto en lugar de hablarse, puede ser muy malo para su relación. Esto se debe a que los mensajes de texto no permiten que tú y tu pareja hablen cara a cara. Las personas pueden pensar que un signo de exclamación adicional es un signo de ira o sarcasmo.

Traen su trabajo a casa con ellos la mayor parte del tiempo.

Ya sea que estés sentado en tu sala de estar o en tu cama, la intimidad sería lo último en lo que pensarías.

Es posible que ambos estén mirando sus computadoras portátiles y pensando en lo que deben hacer al día siguiente en el trabajo.

La conectividad puede matar el momento presente, y cuando una pareja se da cuenta de que necesitan reducirlo, ya se han dividido por ella. Se lo están pasando bien en su propio mundo virtual, pero no saben que la imagen real podría no ser tan buena.

No tenemos mucho tiempo para extrañar a la gente en esta época en la que todos estamos tan conectados. Los sitios de redes sociales a menudo te dan la impresión de que puedes estar conectado las 24 horas del día. Esto no siempre es cierto. Entonces, a menos que aprendas a ser más astuto que tus dispositivos cotidianos, también podrían gobernar tu vida amorosa. Los adolescentes promedio envían más de 3000 mensajes de texto cada mes (hace unos años). Algunas personas menores de 25 años no creen que enviar mensajes de texto mientras tienen relaciones sexuales sea un gran problema.

Aunque la tecnología puede ayudarnos a ver qué tan conectados estamos, la moneda básica de la conexión social se está volviendo menos importante. El contacto cara a cara y la conversación sencilla son cada vez menos importantes como forma de conexión.

El término "abandono de teléfonos inteligentes" se refiere al sentimiento de una persona cuando intenta conectarse con personas que aman sus dispositivos electrónicos. Este es un proceso de cuatro pasos: confusión, incomodidad, irritación e indignación. Debido a que hacer que las personas se sientan importantes es importante en las relaciones personales y comerciales, los dispositivos pueden poner en riesgo estas relaciones, por lo que las personas obsesionadas con los teléfonos se denominan "peces celulares".

Pero no se trata solo de cómo usar tus dispositivos o cómo ser considerado con los demás. Se trata de más que eso. Se trata de hacer amigos. Si bien nuestros aparatos electrónicos nos hacen estar más conectados de alguna manera, no tienen el tipo de conexión emocional profunda que se necesita para una relación real. ¿Por qué? Es porque los mensajes de texto y los correos electrónicos están configurados para manejar una gran cantidad de mensajes de texto y correos electrónicos rápidamente y permiten realizar múltiples tareas, lo que está dividiendo tu atención.

Por otro lado, nuestros dispositivos nos hacen pensar que estamos conectados. Sin embargo, también pueden configurar una nueva forma de relacionarnos en la que nos mantenemos en contacto, pero no nos sentimos cercanos.

Una cosa que nuestros aparatos no pueden hacer, a pesar de lo que muestran las películas, es sentir emociones; emiten una actuación falsa que parece una conexión. Los reemplazos como hamsters robot, pasteles de cachorros robot y focas terapéuticas "ponen a los reales en fuga" para que no tengan que preocuparse por ellos. El acto de "definir las relaciones hacia abajo" es cuando conviertes las relaciones en bytes simples que luego se convierten en la norma.

En terapia, escuchamos a muchas parejas hablar sobre cómo pasan su tiempo. Puedo ver cómo hacer tecleo en tabletas y mirar televisión nos quita las posibilidades que tenemos de interactuar y cuidar a otra persona. Nos acostumbramos a lo simple, lo superficial y lo sensacional. Nos dirigimos a las interminables historias de relaciones de celebridades y dramas en línea en lugar de las nuestras. Para vivir bien en línea, necesitas ser social. Sin una persona real con quien hablar, el contacto por Internet puede ser despotricado, deshonesto y extraño.

La historia humana nos ha visto vivir solos más que en cualquier otro momento del pasado. En 1950, solo cuatro millones de personas vivían solas en los Estados Unidos. En 2012, más de 30 millones lo hicieron. Cuando se trata de Canadá, ese es el mismo número de personas propietarias de una vivienda (28%) como en Reino Unido (34%). Estas estadísticas muestran que se está llevando a cabo un "experimento social notable".

Dicho de otra manera, ¿cómo encaja este cambio con la forma en que se hizo la criatura que llamamos ser humano?

En la sociedad occidental, durante mucho tiempo se ha pensado que somos esencialmente personas egoístas e insulares que necesitamos reglas y restricciones para hacernos pensar en otras personas. Hoy, estamos pintando un cuadro completamente diferente. Nosotros, los humanos, estamos biológicamente programados para ser sociales, altruistas y sensibles a las necesidades de los demás. Homo empático, al parecer, es como deberíamos llamarnos.

La empatía es la capacidad de ver y sentir las emociones de otra persona. La palabra, que se usó por primera vez en el siglo XX, proviene de la palabra griega "empatheia", que significa "afecto" y "sufrimiento". Pero la idea fue ideada por primera vez por filósofos alemanes en el siglo XIX. Lo llamaron "Einfühlung", que significa "sentir". Se está mostrando cuán fuerte es esa habilidad en las personas.

Imagina que alguien más está sufriendo, especialmente si es un amigo o un miembro de la familia. Cuando lo pensamos, actuamos como si estuviéramos pasando por lo mismo. En este caso, la mujer recibió una pequeña descarga eléctrica en el dorso de la mano. La mujer a su lado, que no lo hizo, reaccionó como si ella también se hubiera sorprendido.

El circuito del dolor se activó y la misma área del cerebro se iluminó en ambas mujeres. En realidad, sufrimos por otras personas.

Básicamente, la empatía es cuando me ves (o incluso me imaginas) teniendo un sentimiento fuerte (dolor o asco), y reflejas mi respuesta en tu cerebro y con tu cuerpo (tu cara se arruga de la misma manera que la mía). Me respondes en un nivel emocional y te preocupas por mí, y me ayudas.

Además, nos comunicamos con ellos y les mostramos que nos preocupamos por ellos cuando nos parecemos a ellos en formas que no son solo virtuales. Esto hace una conexión de inmediato. La capacidad de trabajar juntos en la que se basa la sociedad es una habilidad que la mayoría de la gente ha aprendido. Hoy, sin embargo, cada vez menos personas pueden trabajar juntas. En cambio, se mantienen alejados de las tareas grupales y la socialización. Esto significa que las conexiones reales con otras personas están siendo desplazadas por las virtuales.

Las personas que acuden a mí en busca de terapia cuando están en una mala situación a menudo encuentran soluciones que parecen ayudar de inmediato, pero que en realidad hacen que sea más difícil para nosotros conectarnos realmente con otra persona. "Ahora esperamos más de la tecnología y menos unos de otros". Esto se debe a que nuestras herramientas nos han cambiado en los últimos 15 años. Cuando sustituimos los archivos adjuntos falsos, incluso aquellos con personas que conocemos en línea, nos alejamos cada vez más de lo real: una sensación amorosa de conexión que requiere una atención completa y absorbente y la capacidad de sintonizar con las emociones de la vida real.

De esa manera, la tecnología muestra una profunda falta de comprensión sobre lo importante que es para nosotros tener conexiones emocionales íntimas. La mejor forma de tener una buena relación amorosa es apagar la pantalla. De esta manera, podemos aprender a decir lo que realmente nos importa de maneras que construyan una conexión. Las personas que más se parecían entre sí también tenían la mejor conexión emocional entre sí. Muchas de las personas cuya pareja se lastimó dijeron algo como: "No puedo perdonarte hasta que vea que entiendes por lo que estoy pasando." Hasta que sepa que tu dolor también duele.

También es un riesgo que a medida que la sociedad se adapte a más formas de ponerse en contacto unos con otros, la nueva tecnología podría quitar importantes partes de cómo las personas se conectan e interactúan personalmente. Esto puede ser aún más cierto en nuestras relaciones más cercanas.

Aquí hay tres formas en que la tecnología puede dañar las relaciones:

· · ·

1. Intimidad

A medida que la tecnología cambia, puede aumentar el estrés de las relaciones modernas. A veces, la forma en que las personas usan la tecnología puede causar problemas entre parejas románticas, lo que lleva a discusiones e insatisfacción en la relación.

Algunos propietarios de teléfonos celulares en una relación o matrimonio descubrieron que su pareja estaba demasiado distraída con su teléfono celular, pero solo uno de cada cuatro de ellos hizo esto. Casi una de cada 10 personas tuvo una pelea con su pareja acerca de cuánto tiempo pasaron en sus teléfonos o tabletas.

Cuando se trata del uso de la tecnología, la encuesta dijo que muchas peleas entre parejas podrían deberse a esto, como la frecuencia con la que se usa y cuánto tiempo se debe pasar lejos de la tecnología. También encontraron que las personas más jóvenes eran más propensas a decir que la tecnología había hecho que sus relaciones fueran más estresantes y más cercanas.

Además, la tecnología también está cambiando algunas de las formas más íntimas en que las parejas se conectan.

· · ·

Sextear, lo que significa enviar mensajes de texto a alguien con mensajes sexualmente explícitos, se ha vuelto más común entre los adultos. Uno de cada cinco usuarios de teléfonos celulares ha recibido un mensaje de texto de alguien que conocen, lo que representa un aumento de un tercio en cuatro años.

2. Distracción

La tecnología puede ser una buena distracción en este momento, durante mucho tiempo e incluso cuando no está presente. Según una encuesta de 453 adultos en los Estados Unidos, casi la mitad de ellos dijeron que se distraían con sus teléfonos cuando estaban con sus parejas.

Las personas que dedican mucho tiempo a la tecnología pueden dedicar rápidamente gran parte de su tiempo allí.

La misma cantidad de tiempo que podría haberse considerado una adicción en línea hace unos años ahora es común en el uso de teléfonos inteligentes, especialmente entre las personas más jóvenes que usan mucho sus teléfonos. Ha habido un cambio en cómo las personas pasan su tiempo y dónde gastan su energía. Esto es cierto incluso cuando no se utiliza la tecnología.

. . .

Los autodescritos usuarios intensivos de teléfonos inteligentes dijeron que se sentían más ansiosos después de solo 10 minutos sin sus teléfonos. Los usuarios moderados de teléfonos inteligentes dijeron que se sintieron menos ansiosos después de 20 minutos.

3. Depresión

También se ha demostrado que el uso intensivo de las redes sociales daña la salud mental. Un estudio reciente analizó las tasas de depresión en los jóvenes y descubrió que aquellos que pasan la mayor parte del tiempo en las redes sociales tienen una probabilidad mucho más grande de deprimirse.

Las personas que observaron sólo su propio uso de las redes sociales descubrieron que las personas que usaban muchas redes sociales tenían más probabilidades de estar deprimidas. También dijeron que las personas que usan mucho las redes sociales deben buscar ayuda antes de tener problemas con su salud mental. El informe también dice que muchos estudios han encontrado que las personas que usan las redes sociales tienen un estado de ánimo más bajo, una menor sensación de bienestar y una menor sensación de cuán felices son con sus vidas. El

FOMO, o el miedo a perderse algo, podría ser el culpable de estos descensos. Los estudios han demostrado que el uso de las redes sociales puede empeorar el FOMO.

SEÑALES DE QUE NECESITAS UNA DESIN-TOXICACIÓN DIGITAL

Los dispositivos digitales son un poco adictivos. Tanto como el 8% de las personas en los Estados Unidos y Europa tienen Trastorno de Adicción a Internet, lo cual es real. Esta adicción puede ser causada por el químico cerebral dopamina, que nos hace sentir bien cuando obtenemos cosas que nos hacen felices. Cuando un video divertido, por ejemplo, nos hace sentir bien, el cerebro libera dopamina. Eso no es todo: el uso excesivo de Internet también puede dañar tu cerebro porque puede volverlo más emocional, menos autocontrolado y menos capaz de tomar buenas decisiones.

Necesitas darle a tu cerebro un descanso de todas las cosas que hacen que funcione de la mejor manera. Las actividades digitales parecen relajantes y divertidas, pero en realidad agotan tu energía en lugar de devolverla. Es importante tomarse un descanso de la tecnología y concentrarse en las interacciones cara a cara para mantener una vida sana y equilibrada. Si es así, ¿qué necesitas?

. . .

Puedes usar estos remedios para detener tu adicción si estas historias suenan como la tuya:

1. Estás conectado a tu teléfono inteligente.

Cuando pierdes tu teléfono inteligente, ¿te frustras? ¿Lo guardas cerca de tu cama? No, no lo hago. No lo uso cuando estoy en el baño. Quizás deberías dejar de depender de las cosas que usas. Asegúrate de guardar tu teléfono por períodos prolongados. No lo coloques sobre la mesa cuando salgas a cenar con amigos. En su lugar, guárdalo en tu mochila. Ponlo en tu bolsa de senderismo si vas a hacer una caminata. Apaga una aplicación, correo electrónico y notificaciones de texto por la noche para dormir bien. Es preferible apagarlo o trasladarlo a otra habitación. Para no tener que usar tu teléfono para despertarte, compra un despertador.

2. Predeterminas el tiempo de pantalla en tu tiempo de inactividad.

Cuando quieres relajarte, lo primero que haces es mirar tu celular o tableta en lugar de tomar un libro o salir a caminar. Durante el trabajo o con un amigo, ¿buscas tu teléfono?

· · ·

Es fácil tratar de relajarse frente a una pantalla después de un largo día de trabajo. Dentro de una hora de irse a la cama, el 95% de las personas usan una computadora o teléfono inteligente. A pesar de que se cree que son relajantes, los dispositivos con pantallas mantienen a las personas despiertas porque la luz que producen les da ganas de estar despiertas. Mantén tu dormitorio lo más libre de tecnología posible para evitar dormir muy poco.

Por la noche, lee un libro o haz algo que no tenga una pantalla. Doblar la ropa o leer tu revista favorita pueden ser formas sencillas de hacerlo.

3. Tienes miedo al silencio

No importa qué tipo de música escuches o cómo veas la televisión. Siempre necesitas ruido de fondo. Cuando se te deja con tus propios pensamientos, no te sientes a gusto. ¿Estás buscando distracciones constantes para mantener tu mente ocupada?

La exposición constante a los medios hace que la gente tenga miedo al silencio. Con el tiempo, puedes aprender a pasar algunos momentos del día en completo silencio.

Asegúrate de no ponerte los auriculares ni encender la radio mientras conduces al trabajo. Mientras piensas, encontrarás que no son tan dolorosos o aburridos como pensabas que serían. Te ayuda a relajarte y a pensar con claridad al reducir los niveles de sangre, cortisol y adrenalina, lo que te hace sentir más tranquilo y menos estresado.

4. Las llamadas telefónicas no son tu comunicación de preferencia.

¿Correo electrónico, mensaje de texto o alguna red social?

¿La mayoría de tus interacciones sociales ocurren de esta manera, en lugar de por teléfono o en persona? Llamadas telefónicas: ¿Les permites pasar al correo de voz y luego enviar un mensaje de texto más tarde cuando sea el momento adecuado?

Parece que las llamadas telefónicas están desactualizadas e ineficientes en esta era de emojis, abreviaturas y autocorrección, pero aún funcionan. Pero nuestra dependencia de breves ráfagas de comunicación de texto nos hace menos dispuestos a tener conversaciones del mundo real en tiempo real. Tu mejor amigo debe ser la primera persona a la que llames, no la última. Sucederá una conversación mucho más significativa y construirá su relación en lugar de romperla, así pasarán mucho más tiempo juntos.

5. Tomas decisiones diarias por el bien de las redes sociales.

Hay una buena posibilidad de que hagas el check-in. ¿Tus planes se basan en eso? ¿Estás siempre pendiente de la próxima foto de tu red social? Nos tomamos mucho tiempo para asegurarnos de que nuestros perfiles de redes sociales se vean bien y sean fáciles de usar.

Las identidades virtuales tienden a mostrar cómo queremos que el mundo nos vea: cómo queremos que piensen en nosotros. La promesa de la prueba social afecta lo que hacemos, la ropa que usamos y las personas con las que salimos, así que hacemos lo que creemos que es mejor. Es bueno no dejar ningún registro en las redes sociales de tu viaje por carretera de fin de semana o de tu salida nocturna. Podrás vivir el presente sin preocuparte por tu apariencia.

6. Crees en la multitarea

¿Es la multitarea algo más que hacer dos cosas a la vez?

. . .

¿Cambias de ida y vuelta entre la pestaña de tus redes sociales y escribir un informe todo el tiempo? No, no puedo quitar mis ojos de una cosa a la vez sin tener que alcanzar mi teléfono.

La multitarea es una narrativa falsa que no es cierta.

Cuando haces muchas cosas a la vez, tu productividad se reduce en un 40%. Esto se debe a los bloqueos mentales que se acumulan cuando pasas de una cosa a otra. Cuando transfieres tu atención de un dispositivo a otro, la productividad baja aún más de lo que ya lo hace.

Miras desde la pantalla de una computadora hasta un teléfono celular para hacer las cosas aún más confusas. Esto amplía la brecha de atención. Puede evitar que esto suceda enfocando tu tiempo en una cosa a la vez. Incluso en fragmentos de 20 minutos, podrás tachar las cosas de tu lista de tareas más rápidamente. Podrás prestar el 100% de tu atención, lo que te hará más productivo y menos propenso a cometer errores.

7. Cuando te quedas solo, buscas el dispositivo más cercano...

. . .

En el momento en que tu amigo se levanta para tomar otra taza de café, ¿tomas tu teléfono? Frustrarte en lugares públicos cuando no tienes ningún tipo de dispositivo para revisar. ¿Buscas el control remoto del televisor tan pronto como entras por la puerta del trabajo o la escuela?

¡Contrólate la próxima vez que estés solo y no hagas ninguna locura! Asegúrate de no alcanzar tu teléfono cuando tu cita vaya a detener el auto. Observa tu entorno, observa a la gente o piensa en un tema para tu próxima conversación. Será difícil al principio, pero poner la nariz en tu teléfono inteligente demuestra que no confías en ti mismo. Permítete estar en el momento presente. Te ayudará a sentirte más confiado y satisfecho con tu propio negocio.

Si reconoces alguno de estos indicadores de adicción digital, es hora de detenerte. No seas la persona que mira su teléfono de reojo o pregunta qué filtro se ve mejor. Cuando no tienes una pantalla frente a ti, puedes disfrutar y experimentar plenamente el mundo que te rodea. La tecnología tiene un lugar, pero no dejes que te impida vivir tu vida.

3

Cómo Hacer Una
Desintoxicación Digital

¿QUÉ PUEDES HACER para pasar menos tiempo en Internet?

Las siguientes son algunas ideas de desintoxicación digital que debes probar tú mismo.

Toma descansos de trabajo lejos de las pantallas

Mantén tus descansos cortos y no mires videos ni te desplaces por tu teléfono porque te hará sentir más cansado.

Levántate y muévete para tomar un descanso de mirar la pantalla. Por ejemplo, da un breve paseo, haz ejercicio rápido, lave tu taza, sirve una taza de té, mira por la ventana, etc.

Todo suma y te da un impulso cuando vuelves al trabajo.

También le das un descanso a tus ojos, lo que te ayudará a sentirte menos cansado al final del día. La fatiga visual puede ocurrir cuando miras una pantalla durante mucho tiempo. Puede evitar que empeore siguiendo la regla 20-20-20 (mirar hacia otro lado durante 20 segundos después de cada 20 minutos de mirar una pantalla). Cuando te tomas un descanso, pero aún usas tu cerebro para leer las noticias o revisar tus redes sociales, solo llenas tu memoria con información inútil que hará que sea más difícil para ti hacer las cosas que realmente te importan.

Salir después del trabajo

Toma un descanso de 15 minutos después del trabajo si no tuviste la oportunidad de salir durante tus horas de trabajo.

Un largo día frente a la computadora puede cansarlo y estresarlo, incluso cuando no tiene planes específicos para salir de casa. No necesitas una razón para salir. Solo pasar tiempo lejos de una pantalla es suficiente para que quieras salir.

Silenciar notificaciones

¿Cuántas de las aplicaciones que se ejecutan en tu teléfono son realmente importantes? Las aplicaciones de redes sociales no son importantes porque nunca sucede nada importante en las redes sociales. Si alguien quiere decirte algo importante, no lo hará en las redes sociales porque esas no son las mejores formas.

No vale la pena dedicar tiempo a mirar las notificaciones en la pantalla cuando debería estar cuidando su salud y su bienestar mental. Puedes establecer una hora cada día en la que puedes revisar tus mensajes privados, boletines, revistas y otras cosas que guardas en tu teléfono en ese momento. Si no recibes notificaciones de todas las aplicaciones que no necesitas, será menos probable que revises tu teléfono y disfrutes más de tu tiempo no digital.

Pasa más tiempo en la naturaleza

Pasar tiempo al aire libre; la naturaleza puede ayudar con todo esto. El estrés y la ansiedad se reducirán si pasas un día o simplemente unas horas en la naturaleza durante la semana. Incluso si estás exhausto, esto será beneficioso.

Para olvidarte del tiempo y no sentir la necesidad de revisar tu teléfono cada cinco minutos, debes hacer actividades en la naturaleza como caminar o andar en bicicleta.

También puedes jugar juegos de aventura con tus amigos, ir de campamento o salir a caminar. En la naturaleza, es posible que no pueda usar Internet durante mucho tiempo.

Esta es aún más razón para emprender una aventura.

Cuando lees esto, te muestra que no tienes que enviar mensajes de texto o dar me gusta a las imágenes de Instagram para ser feliz.

Miedo a perder y sentido de urgencia

Es algo que todos tenemos. Hay momentos en los que no podemos evitar querer ver cómo suena un texto o una notificación. Tuvimos que dejar lo que estábamos haciendo e ir a comprobarlo. Un amigo puede compartir un video o alguien responde a una de tus publicaciones. La mayoría de las notificaciones no son muy importantes, así. La mayoría de las veces, puedes averiguar qué mensajes deben responderse o prestar atención de inmediato.

No importa si ves el video en el próximo minuto o en unas pocas horas. No, no lo creo. De nada. La mayor parte de lo que sucede en Internet no es lo suficientemente importante o interesante como para verificarlo de inmediato. Puedes entrenarte para pensar de esta manera.

Es importante saber lo que es importante para ti, por lo que debes hacer las cosas que lo hacen feliz y saludable antes de ayudar a otras personas.

Consume la información digital de forma plena, no pasiva.

Consumir información digital de forma consciente significa que vas a la información y no al revés. Cuantas más notificaciones y aplicaciones tengas abiertas, más probable es que te desplaces por la pantalla y las consultes No dejes que te molesten, porque deberías estarlo el que va a ellos de vez en cuando.

· · ·

Porque nada de esto es importante, puedes reservar una hora o dos cada día o cada dos días para leer sobre lo que está pasando en el mundo Los medios no se apoderan de tu vida Solo los ves o los lees cuando estás en el estado de ánimo para ello. Solo debe comer cuando tenga hambre, no cada 10 minutos como hace mucha gente.

Leer un libro durante los tiempos muertos

No podemos hacer un horario perfecto, así que algunas veces tenemos que esperar entre dos cosas.

Deberías sacar tu teléfono de tu bolsillo y comenzar a desplazarte por el flujo interminable de publicaciones y actualizaciones inútiles ahora mismo, ¿verdad? En su lugar, podrías hacer algo más productivo y educativo, como ir a la escuela o al trabajo. Un libro puede ayudarte a pasar el tiempo cuando estés aburrido. Un montón de cosas y la gente se mueve tan rápido que no podemos seguir el ritmo.

Este sentido de urgencia es alimentado por usar Internet, mientras que los libros te hacen sentir lo contrario.

. . .

No empieces y termines tu día mirando el teléfono.

Una de las cosas que la mayoría de la gente hace cuando se despierta es mirar sus teléfonos. Esto es cuando el cerebro aún no puede procesar la información. De hecho, nuestro cerebro necesita unos 30 minutos para despertarse de la inercia del sueño, y no nos recuperamos por completo hasta que nos levantamos de la cama durante una hora más o menos.

La gente hace lo mismo antes de acostarse; su cerebro necesita tiempo lejos de las pantallas para entrar en modo de suspensión porque la luz azul nos hace dormir menos bien. Por eso nos quejamos de que no podemos ir a dormir a una buena hora.

Permaneceremos despiertos más tiempo si nos desplazamos en nuestros teléfonos o computadoras portátiles y luego nos acostamos de inmediato.

Esto cambiará nuestras horas de sueño y el horario diario. Además, eso nos cansa al conjunto.

Participar en actividades físicas a menudo

. . .

El bienestar físico y mental se mejoran con el deporte. No tienes que mirar una pantalla para estar saludable y feliz. Las endorfinas que produce tu cuerpo cuando haces ejercicio te ayudan a lidiar con el estrés, la ansiedad y el dolor, mejorando tu estilo de vida y tu salud. Es incluso mejor para tu cuerpo y cerebro si haces ejercicio al aire libre.

Solo usa el teléfono con un propósito, no para matar el tiempo.

No hay nada malo en estar en línea o conectado al mundo web. Sin embargo, eso no es cierto. Tenemos un problema cuando empezamos a hacer esto sin control y sin pensar en ello. Cuando estamos aburridos, a menudo buscamos nuestros teléfonos y comenzamos a buscar sin motivo alguno.

Cuando empezamos a hacer esto, se convierte en un hábito, y lo hacemos incluso cuando estamos haciendo otras cosas.

Por ejemplo, cuando trabajamos, vamos a una reunión, salimos con amigos, damos un paseo, etc. Nos mantenemos en línea incluso cuando no tenemos una buena razón para hacerlo. Esta es la parte mala. De hecho, el 86% de los usuarios de teléfonos revisan sus teléfonos mientras hablan con amigos o familiares.

¿Necesito alguna información importante en este momento?

¿Es este mensaje lo suficientemente importante como para leerlo ahora mismo? Todas estas son preguntas que debes hacerte cuando llegues a tu bolsillo. Puedes guardar tu teléfono si la respuesta es no. Luego, disfruta de lo que estabas haciendo sin él.

Haz un horario y vive el momento

La mejor manera de lidiar con tu adicción digital es hacer un plan y ceñirte a él. Se necesita tiempo para desarrollar hábitos, pero es más fácil lidiar con la urgencia y el miedo a perderte cosas una vez que lo haces. Cuando hagas un horario, asegúrate de poner primero las cosas que son importantes para ti (que te mantienen saludable y feliz).

El resto no es importante. Priorizar lo que quieres hacer primero es mejor para pasar tu tiempo en línea. Entonces puedes usar las redes sociales, video en línea, sitios de noticias, correo electrónico, etc. para llenar los espacios en blanco.

No importa si quieres pasar tiempo con tu familia o hacer ejercicio; solo asegúrate de no estar en línea cuando hagas las cosas que te interesan. Después de terminar con las cosas importantes, puedes revisar tus mensajes de tus redes sociales, leer tu bandeja de entrada, ver las noticias, etc.

Mantén tu teléfono alejado cuando estés haciendo algo que sea importante para ti o que ayude a tu salud y bienestar.

Cuando te quedas en el momento de principio a fin, te sientes más satisfecho y puedes hacer más en un día.

Cuando haces muchas cosas a la vez, parece que no terminas nada, lo que te hace sentir improductivo y como si hubieras perdido el tiempo.

Mantén tu teléfono fuera del alcance o encendido en modo avión

. . .

Una forma de aprender a no revisar tu teléfono cada pocos minutos es no llevarlo contigo cuando vayas a cualquier parte. Los teléfonos y las computadoras portátiles no son las mejores cosas para tener contigo cuando estás haciendo cosas como cocinar o tomar una copa con tu familia. Déjalo en otra habitación o en casa cuando no lo necesites. Si deseas deshacerte por completo de la tentación, configura tu teléfono en modo avión, "no molestar", o simplemente apágalo. Verás que puedes vivir sin él y disfrutar más de lo que estás haciendo cuando no lo tienes.

Eliminar aplicaciones innecesarias

Hay 63 veces al día que los usuarios de teléfonos inteligentes revisan sus teléfonos. Como resultado, pasarás menos tiempo en tu teléfono porque no hay mucho para mantenerte interesado. Para ver cuántas aplicaciones usas, puedes hacer una lista. En caso de que tengas demasiadas aplicaciones en tu teléfono, divídalas en "Importante" y "No importante". Luego, desinstala las aplicaciones con la etiqueta "no importante" y solo conserva las aplicaciones que realmente son útiles.

Entonces, si solo tienes aplicaciones en tu teléfono que son útiles y no divertidas, geniales o inútiles, solo las usarás cuando las necesites y no tendrás que detener tu vida diaria por aplicaciones inútiles.

Tómate un año sabático digital

Tienes que estar realmente entusiasmado con este consejo de siguiente nivel para la desintoxicación digital porque se necesita mucha fuerza de voluntad para hacerlo. Esto es cuando no usas Internet durante mucho tiempo. Los sabáticos digitales pueden durar unos días, o incluso una semana o más. Algunas personas van a algún lugar en el desierto durante una semana o más, donde no hay conexión ni señal telefónica.

Durante un descanso del mundo, aprendes que no te perdiste mucho. En este mundo, todo puede esperar. Incluso si no respondes a un mensaje de tus redes sociales en unos minutos, las cosas saldrán bien y las cosas sucederán como deberían. Años sabáticos digitales muestran que el miedo a perderse algo, el sentido de urgencia y la rapidez con la que actuamos son solo hábitos que aprendimos con el tiempo y de los que podemos deshacernos con un poco de práctica.

Establece horas y espacios libres de Internet

. . .

Si las reglas estrictas funcionan mejor para ti, puedes hacerlo. Empieza a hacer tus propias reglas. Establece un objetivo de cuántas horas deseas pasar sin conexión cada semana y luego haga el desafío para alcanzarlo.

Para esta semana, sabes que debes permanecer desconectado durante cuatro horas. Intenta hacer esto haciendo un horario específico con recordatorios y actividades fuera de línea para hacer durante esas horas. De la misma manera, también puedes establecer una regla sobre dónde vives. Hazte la promesa de que no usarás tu teléfono mientras te relajas en el balcón o en tu dormitorio. Puedes agregarle una etiqueta mental "Prohibido" para recordar que los teléfonos y las computadoras portátiles no están permitidos en ciertos lugares.

Convertir a blanco y negro.

Hacemos muchas cosas divertidas, y una de ellas es que son coloridas. Un investigador dice que debes retroceder en el tiempo, lo que significa que debes retroceder en el tiempo. Muchos teléfonos inteligentes ahora te permiten cambiar la configuración para que todo el teléfono esté en escala de grises, para que puedas ver todo en la pantalla.

Guarda tu teléfono durante las comidas.

. . .

En los restaurantes, es común ver un teléfono brillante al lado de la canasta de pan. Incluso si no estamos mirando nuestros teléfonos, solo tenerlo sobre la mesa durante una conversación puede hacer que sea menos efectivo.

Nuestros cerebros solo están esperando que se encienda y, como resultado, no estamos completamente presentes.

Cuanta más energía ponemos en nuestros dispositivos, menos energía ponemos en las personas que están en la misma habitación que nosotros.

Haz de tu dormitorio una zona sin tecnología.

Tan pronto como alcances tu teléfono para apagar tu despertador, es muy fácil desplazarse por alguna de tus redes sociales. Es mejor dejar el teléfono fuera de la habitación por la noche y comprar un despertador. También es posible que no te sientas cómodo con tu pareja en la cama si te estás poniendo cómodo con tu teléfono celular. Haz de tu cama un lugar donde no tengas teléfonos u otros dispositivos electrónicos. Esto hará que sea más fácil para ti y tu pareja acercarse y tener relaciones sexuales. También te ayudará a dormir mejor. La luz azul de las pantallas hace que nuestros cerebros piensen que es de día, lo que dificulta conciliar el sueño.

CONSEJOS SOBRE CÓMO MANTENERTE LIBRE DE TECNOLOGÍA EN TU DORMITORIO.

- Instale un punto de carga fuera de tu dormitorio, como en la cocina o en la oficina de tu hogar. Tienes que mover los cables para que sean difíciles de cargar tus dispositivos.

- Has un tiempo cada noche para guardar sus teléfonos y tabletas. Comienza haciéndolo justo antes de acostarte, pero piensa en hacerlo una hora o más antes de acostarte. Tener tiempo para relajarse con tu pareja también es bueno para ti fuera del dormitorio.

- Compra o encuentra un despertador real, para que no tengas que usar la alarma de tu teléfono para despertarte por la mañana.

- Para leer antes de acostarte, comienza a llevar libros reales al dormitorio en lugar de un lector electrónico. Habla sobre las reglas primero si quieres leer tus nuevos libros electrónicos, pero no quieres llevártelos a la cama. Es posible que desees desactivar Wi-Fi, para que no tengas la tentación de revisar tu correo electrónico o tu red social "solo por un minuto".

1. **Redescubre el papel.**

¿Es cierto que leer un libro es mejor que leer en una tableta?

Los libros no solo tienen menos distracciones, sino que las investigaciones muestran que cuando leemos en papel, nuestras mentes pueden procesar mejor la información que no es real. También debes pensar en obtener tus noticias del periódico.

2. **Mantén solo una pantalla abierta a la vez.**

Cuando intentamos trabajar, y comenzamos a desplazarnos por las redes sociales, nuestros cerebros comienzan a volverse un poco locos. Es malo para nosotros hacer muchas cosas a la vez, dicen los especialistas. Una distracción, como hacer clic en otra ventana o revisar un mensaje de texto, puede tomar un tiempo para que nuestro cerebro regrese a donde estaba. Las personas que están más concentradas cuando solo tienen los ojos en una pantalla a la vez también pueden divertirse más con ella.

3. **Limpia tus cuentas de redes sociales.**

Nos permiten conectarnos con las personas de maneras que nunca antes habíamos visto, y es realmente gratificante. Cuanto más tiempo pasamos en las redes sociales, peor nos sentimos. Si miras la vida de tus amigos y celebridades, solo ves una versión muy editada de ellos. Esto puede ser malo para tu autoestima. Necesitamos descubrir cómo permanecer en las redes sociales y mantenernos saludables al mismo tiempo.

Lo más importante es estar a cargo de a quién y qué sigues. Se debe pensar en las personas que te hacen sentir mal y bien. sobre. A partir de ahí, puedes limpiar la casa.

No tenga miedo de bloquear, silenciar, dejar de seguir o eliminar, hasta que tenga una lista de personas que lo hagan reír, sonreír y alegrar.

4. **Descarga las aplicaciones correctas.**
Mucha gente está enganchada a sus teléfonos, y por una buena razón. Activa los circuitos de recompensa en nuestro cerebro cuando revisamos nuestros teléfonos, lo que hace que el cuerpo libere dopamina, la "hormona del placer", que es lo que sucede cuando jugamos.

Estas aplicaciones pueden parecer una mala idea al principio, pero pueden ayudarlo a reducir todo lo digital:

existe una aplicación que puede mostrarte cuánto tiempo pasas en tu teléfono y tableta cada día y te permite establecer límites diarios. Existe un software que te permite bloquear cualquier sitio web que te distraiga en tu teléfono inteligente o computadora para mejorar tu atención. Existe otra, disponible para Android, que te permite bloquear llamadas, mensajes de texto y notificaciones (la configuración "No molestar" de un teléfono de la manzanita hace lo mismo).

5. **Protege tu cuerpo.**

Casi la mitad del tiempo que el estadounidense promedio pasa mirando una pantalla. A veces, nuestros cuerpos pagan el precio por esto.

Para evitar los ojos secos, la visión borrosa y los dolores de cabeza causados por la fatiga visual digital, debe seguir la regla 20-20-20. Debes mirar hacia arriba durante 20 segundos cada 20 minutos que mires una pantalla. También debes parpadear. Mantén tu teléfono a la altura de los ojos y no dobles el cuello cuando lo mires. Y puedes evitar el "pulgar del teléfono inteligente", que es cuando envías mensajes de texto en una posición inclinada todo el tiempo, tomando descansos regulares de tu teléfono y cambiando la forma en que escribes con diferentes dedos.

.   .   .

6. **Tener un día completo sin conexión**

Es probable que sientas la necesidad de estar en línea todo el tiempo si tienes un negocio en línea. Pero si deseas mantener tu negocio en línea, debes aprender a desconectarte de vez en cuando para no agotarte. Si comienzas poco a poco, puedes desconectarte durante unas horas a la vez. Entonces es hora de desconectarte durante todo el día, la noche o la tarde. Asegúrate de no revisar tu teléfono durante todo el día. Te sorprenderá lo bien que te hará sentir. Puedes configurar un mensaje automático para decirles a tus amigos y familiares que no estarás en línea ese día. Cuando vuelvas, el mundo no dejará de moverse.

CONSEJOS PARA SU PRIMER DÍA SIN CONEXIÓN.

1. No configures la alarma para despertarte.

Puedes empezar a sentirte mejor contigo mismo si te despiertas por tu cuenta. Las personas a veces se despiertan con la alarma, pero después de 10 "posponer", revisan su cuenta de su red social favorita. La luz del sol por la mañana te ayudará a levantarte de la cama.

2. Sal a dar un paseo o corre y recoge un periódico en el camino.

¿Cuántos de nosotros revisamos las noticias en nuestros teléfonos mientras desayunamos o tomamos café por la mañana? Prueba el periódico de la vieja escuela y lee las noticias como solía ser.

3. Prepárate un desayuno diferente

Las personas que no pasan mucho tiempo en sus teléfonos tienen más tiempo para disfrutar de las cosas simples.

Prepara un sabroso desayuno, ponle empeño y cómelo como si fuera la primera vez. Presta atención a lo que estás haciendo cuando comes y siente todos los diferentes sabores y olores.

4. ¡Sube el volumen de tu música y baila como si nadie estuviera viendo!

No, no soy uno de ellos. Entonces, ¡canta y baila como si nadie estuviera mirando!

Bailar es una forma de meditación para muchas personas y una de nuestras actividades favoritas. Te ayuda a liberar endorfinas que te ayudan a lidiar con el estrés. ¡Una forma brillante para empezar el día!

. . .

5. Sal a almorzar y pide a tus amigos que apaguen sus teléfonos.

¿Qué tan molesto es estar en una mesa donde todos miran sus mensajes de su teléfono a la vez? Sí, sabemos que mucho. Enfréntate a tus amigos. Echa un vistazo a lo que hacen.

6. ¡Toma una siesta!

Tomar una siesta después del almuerzo es bueno.

Cuando dormimos demasiado, trata de permanecer despierto por no más de 20-30 minutos a la vez. ¡Hará que tu día sea mejor!

7. ¡Exprésate!

Toca un instrumento, canta o escribe en tu viejo cuaderno si quieres mostrar cómo te sientes y piensas. Ya no necesitas actualizar tu estado en tu red social. Tus opiniones no siempre deben ser compartidas. ¿Quizás enviar una postal a un amigo en el otro lado del mundo? Deberías guardártelo para ti.

8. Báñate antes de acostarte.

Debes poner velas e incienso en tu baño para que huela mejor. Luego, antes de irte a la cama, pon música para relajarte y tómate unos minutos para relajar los músculos.

CÓMO REALIZAR UN DETOX DIGITAL PARA TENER MENOS ESTRÉS Y MAYOR CONCEN-TRACIÓN

La conectividad es ahora la norma. Así es como la mayoría de la gente se levanta por la mañana cuando la alarma de su teléfono inteligente los despierta. Hay noticias en la televisión, así que empiezas a prepararte. Luego, revisas tus mensajes de texto. El correo electrónico, y las redes sociales son algunas de las cosas que haces todos los días para mantenerte en contacto con las personas que te importan.

Por la noche, ve tus programas de televisión favoritos mientras compras en línea y te registras en las redes sociales.

Cuando te vas a la cama, usas aplicaciones de teléfonos inteligentes para meditar o para hacer ruido blanco para ayudarte a dormir. Eso es lo que mucha gente hace todos los días. Muchas personas en los Estados Unidos pasan alrededor de cuatro horas al día viendo la televisión.

También dedican alrededor de siete horas y media todos los días a los dispositivos digitales.

Muchos de nosotros estamos estresados porque pasamos mucho tiempo en la computadora o en el teléfono.

La respuesta puede ser una desintoxicación digital, que puede ayudar a aliviar el estrés de estar siempre conectado a dispositivos electrónicos. Si realizas una desintoxicación digital, es posible que incluso puedas dormir mejor, tener mejores relaciones y sentirte mejor con tu estado de ánimo.

Desintoxicaciones de redes sociales

Una desintoxicación digital es cuando no miras ni usas las redes sociales durante un tiempo determinado. Un investigador dice que las redes sociales nos ayudan a conectarnos con otras personas de muchas maneras buenas. Al mismo tiempo, también puede ser malo para las personas estar cerca de él. Las experiencias negativas en las redes sociales pueden hacer que las personas se sientan ansiosas y deprimidas, y pueden disminuir su autoestima.

Esto también tiene:

- Comparaciones sociales.
- Miedo a perderse algo (FOMO).
- Estar enojado o molesto por alguna publicación.
- Ciberacoso (acoso verbal en línea).
- Sentimientos de aislamiento.

Las ventajas de tomar un descanso de la tecnología

Es una buena idea hacer una desintoxicación digital para ver si la tecnología te impide vivir tu mejor vida. Muchas cosas pueden suceder cuando no usas tu teléfono o computadora, desde ser más productivo en el trabajo hasta mejorar tus relaciones con tu familia y amigos. Los beneficios de tomar un descanso de la tecnología incluyen:

Enfoque más nítido

Para las personas que usan muchos dispositivos electrónicos, puede ser fácil distraerse con pitidos y notificaciones. Durante una desintoxicación digital, es posible que prestes más atención en las cosas que te rodean. Tu cerebro podrá concentrarse mucho más en tu trabajo.

. . .

Menos estrés

Tener demasiada información puede hacer que se sientan estresados para algunas personas. He trabajado con muchas personas que se enojaban mucho después de ver horas de noticias. Luego, cuando redujeron su consumo de noticias y comenzaron a hacer otra cosa, se sintieron más tranquilos y cómodos.

Mejores interacciones sociales

Eliminar las distracciones digitales te brinda más oportunidades de prestar atención a las personas que te rodean. Naturalmente, hablas y te conectas más con tu familia sin teléfonos u otros dispositivos durante la cena. O, si no tienes tu teléfono en la mano, tienes la oportunidad de conocer a alguien nuevo en la fila para pagar. Y si no está permitido enviar mensajes de texto, es más probable que levantes el teléfono para hablar con un amigo.

Más control de tu tiempo

¿Cuándo fue la última vez que sentiste que tenías que revisar tu teléfono o ir a las redes sociales? No eres el único.

. . .

Las personas en los Estados Unidos revisan sus teléfonos 96 veces al día y pasan más de dos horas en las redes sociales.

Muchas personas revisan sus teléfonos o redes sociales cuando tienen unos minutos libres. Sin embargo, no hay ninguna razón de peso para que lo hagan. Tomarte unas vacaciones de los dispositivos o medios digitales podría ayudarte a superar la necesidad de usarlos constantemente.

Señales de que debes poner tus dispositivos aparte

¿Está tratando de averiguar si necesitas tomar un descanso de la tecnología? Si usas medios electrónicos y te sucede alguna de las siguientes cosas, podría ser hora de detenerte.

- Me sentía inseguro.
- Estado de ánimo deprimido.
- Pérdida de sueño o sueño interrumpido.
- Mayor irritabilidad, frustración o enfado.
- Sentirte obligado a consumir, responder, reaccionar o registrarte.

También debes tener cuidado con la forma en que el

uso de los medios digitales afecta otras partes de tu vida. Si no haces cosas en casa o en el trabajo porque pasas mucho tiempo en Internet, tal vez quieras pensar en tomarte un descanso digital. La segunda cosa que podría ser una señal de alerta es si no quieres socializar en persona porque prefieres conectarte con personas en Internet.

CÓMO REALIZAR UNA DESINTOXICACIÓN DIGITAL EN EL TRABAJO

Todos podemos tratar de reducir la cantidad de tecnología que usamos en el trabajo, pero no siempre es posible.

Las siguientes son cinco cosas que puedes hacer para comenzar una desintoxicación digital para ti o tu trabajo:

1. Celebra reuniones sin tecnología
Si bien la multitarea es mala para la productividad, las reuniones sin tecnología pueden ayudar. Muchas investigaciones han demostrado que escribir es mejor que escribir a máquina cuando recuerdas lo que lees o escribes. El acto físico de escribir también estimula diferentes partes del cerebro y puede ayudar a las personas a pensar de manera más creativa y resolver problemas.

· · ·

Los empleados que usan un cuaderno y un bolígrafo para anotar sus ideas también podrán deshacerse de las cosas viejas que no quieren. La pantalla de un dispositivo digital tiene muchas distracciones y señales sensoriales que hacen que quieras prestar atención. Una página de cuaderno, por otro lado, no tiene eso. Usar un cuaderno les ayudará a mantenerse enfocados, recordar cosas y comunicarse mejor.

También podemos ser vistos como groseros o menos presentes cuando usamos teléfonos u otros dispositivos en las reuniones. Una reunión sin dispositivos significa que todos pueden escuchar y desempeñar un papel importante en el éxito del grupo.

Asegúrate de que todos estén de acuerdo con las reglas básicas antes de que comience la reunión. Asegúrate de que todos sepan que la reunión tiene una regla de "no hay dispositivos en la sala" al comienzo. Es importante que las personas sepan que pueden salir de la habitación para responder una llamada telefónica o un correo electrónico.

Las personas deben saber cuándo terminó la reunión y cuándo pueden revisar sus teléfonos. Mostrar a los otros cómo hacer las cosas de la manera correcta para que puedan hacer lo mismo.

2. Aumenta las limitaciones de una pantalla, las ventanas sin tecnología y los saltos de pantalla.

Limitar el tiempo de pantalla a uno es un paso modesto hacia la desintoxicación digital. Considera convertirlo en un ritual habitual en el lugar de trabajo. ¿Y qué? Implica no navegar en un teléfono mientras se trabaja en una computadora o se ve la televisión. Implica ningún dispositivo multitarea. Mantén tu teléfono oculto o fuera de tu escritorio.

Cuando necesites inspeccionarlo, levántate y camina. Déjalo a un lado y vuelve a tu asiento.

Mantener el teléfono fuera de la vista ayuda a concentrarte.

En un cajón o bolso de mano, el teléfono queda mucho mejor escondido. Descansos para refrigerios. Los descansos frente a la pantalla pueden ayudarnos a relajarnos, mejorar la postura y concentrarnos. Los descansos más cortos son mejores que los más largos. Los productivistas trabajan durante 52 minutos y luego descansan 17 minutos.

. . .

Toma un descanso de 5 a 10 minutos cada 50 a 60 minutos para practicar. Incluso aquellos con ocupaciones difíciles pueden hacer esto. Ofrece a tus empleados una asignación diaria "sin tecnología" y conviértelo en un hábito. Pueden apagar los dispositivos electrónicos y el correo electrónico durante este tiempo. Pueden desconectarte de todo. Por ejemplo, desconéctate durante una hora mientras almuerzas: sin teléfono, correo electrónico o redes sociales.

3. Promover la desactivación de notificaciones.

Anima a los trabajadores a desactivar las alertas durante un día o algunas horas cada semana. Luego pueden configurar una respuesta fuera de la oficina. Esto informará a nuestros compañeros de equipo y clientes de nuestra pausa tecnológica. Ejemplo de mensaje: "Hola, no reviso mis correos electrónicos entre la 1 y las 2 de la tarde. Llámame a mí o a mi colega [NOMBRE] al [número de teléfono] si tu mensaje es urgente".

4. Fomenta las dietas digitales

Sé realista, establece limitaciones y elimina distracciones naturales. Establecer límites para el uso de nuestra tecnología es importante para nuestro bienestar mental y físico.

. . .

Los métodos varían.

Considera estas ideas:

- **Un ayuno digital:** intenta renunciar a todos los dispositivos digitales durante un día o una semana. Vigila tus emociones y tu salud. Tómate unos minutos para reflexionar en un diario.
- **Abstinencia digital:** elige un día de la semana para estar libre de dispositivos.

- **Desintoxicación:** Considera esto si una aplicación, un sitio web o una herramienta digital están haciendo que pierdas tu tiempo. Limita el uso del artículo problemático.

Una desintoxicación de plataformas de medios es un período de tiempo durante el cual usas menos o nada las aplicaciones de redes sociales.

Prepara un menú détox digital semanal. Un ejemplo es:

. . .

Domingo: No se recomienda revisar correos electrónicos del trabajo o las redes sociales.

Lunes: Darte de baja de todos los correos electrónicos que no deseas.

Martes: Mantén tu teléfono apagado hasta que te pongas a trabajar.

Miércoles: No revises tu teléfono durante el almuerzo.

Jueves: Durante dos horas, no revises tus correos. Establece tu hora de fuera de notificaciones de la oficina para que coincida.

Viernes: Mantente alejado de las redes sociales por un día entero.

Sábado: Revisar correos electrónicos de trabajo o las redes sociales no están permitidas.

Añade unos breves períodos de meditación y atención plena a tu dieta digital.

. . .

Agregar esto a su desintoxicación digital lo hará aún mejor. También te ayudará a relajarte en el trabajo.

5. Establecer un sistema de compañeros de desintoxicación

Los líderes pueden ayudar con la desintoxicación digital en el lugar de trabajo. Hay personas en el equipo que pueden ayudar a las personas a encontrar un compañero de trabajo que pueda ayudarlos a dejar de usar sus teléfonos y otros dispositivos en el trabajo. Cuando tenemos un amigo, podemos responsabilizarnos de pasar por el proceso.

Cuando tienes un compañero de trabajo con el que puedes hablar sobre tus planes y obtener ayuda, puede hacer que la desintoxicación en el trabajo sea más divertida que una tarea.

BENEFICIOS DE UN DETOX DIGITAL

8 horas y 21 minutos. Pasamos más tiempo en dispositivos de alta tecnología que durmiendo: los usamos para compras en línea, películas 4D, sistemas de navegación y acecho en las redes sociales, por nombrar solo algunos.

Las personas con mucha tecnología están en una vía rápida para convertirse en robots sin mente que no pueden funcionar sin sus herramientas industriales. El objetivo de la tecnología era ayudar a las personas, pero también puede hacernos daño. Es por eso que más expertos en salud recomiendan una desintoxicación digital o un largo descanso de los dispositivos.

No te preocupes antes de preguntarte si las desintoxicaciones digitales solo son posibles en lugares como las Patagonia del mundo, no te preocupes. Se pueden hacer en cualquier lugar. Reducir el tiempo frente a la pantalla se puede hacer fácilmente en casa si se tiene la disciplina adecuada. Esto es cierto ya sea que te estés desintoxicando en la naturaleza o en casa. Los beneficios a largo plazo llegarán sin importar dónde lo haga.

Una desintoxicación digital puede tener muchos beneficios, aquí hay algunos de ellos:

Resolver la adicción

Una adicción digital puede pasar desapercibida, pero es real y puede interponerse en tu vida diaria. El veintiocho por ciento de las personas que usan teléfonos celulares dicen que no conducen con la seguridad que deberían cuando usan sus teléfonos. La mayoría de los adolescentes estadounidenses dicen que juegan videojuegos mientras otras personas están alrededor.

Cuando se trata de Internet, el 92 por ciento de los adolescentes dicen que se conectan todos los días, y el 24 por ciento de esos usuarios usan computadoras portátiles, tabletas y dispositivos móviles para conectarse. Un descanso nos muestra que podemos vivir sin estimulación constante y disminuye nuestra dependencia de la tecnología.

Reducir la depresión y la ansiedad

Es malo tener demasiado de cualquier cosa. Lo mismo es cierto para la tecnología también. Existe un vínculo entre el uso excesivo de tecnología y la ansiedad. Obtenemos una oleada de dopamina cuando recibimos cosas como notificaciones de redes sociales o mensajes de texto. Esto nos hace sentir ansiosos. Esto, a su vez, alienta a las personas a buscar placer o validación, lo que conduce a la angustia mental.

Otro factor importante en la ansiedad y la depresión relacionadas con la tecnología es el uso de dispositivos digitales para evitar ciertas cosas o situaciones.

. . .

Ser más agradable

Otra razón para apagar todos tus aparatos electrónicos es que te ayudará a aprender buenos modales y cómo ser una buena persona.

Si alguna vez te sentaste junto a alguien en la mesa de la cena que habló por teléfono más que mirarte, es posible que sepas a lo que me refiero. Los teléfonos celulares y otros dispositivos permiten que las personas miren hacia abajo y lejos de su entorno, dándoles una apariencia cerrada y accesible. Esto los hace parecer menos abiertos y amistosos. Si realizas una desintoxicación digital, podrías verte obligado a salir de tu zona de confort poco saludable.

Construir relaciones

Más de las tres cuartas partes de los adultos afirmaron que pasaban más tiempo con los dispositivos digitales que con sus parejas. Existe el peligro de que esto dificulte la formación y el mantenimiento de conexiones en la vida real. Intenta dejar tu teléfono móvil y otros dispositivos electrónicos en casa cuando tengas una cita para cenar. Tu amante lo apreciará.

. . .

Aumentar la productividad del trabajo

Los empleados dedican demasiado tiempo a la tecnología, a pesar de que la nueva tecnología ha ayudado a muchas empresas a crecer. Debido a la tecnología, el oficinista promedio desperdicia al menos un tercio del día. Pero no es su culpa. El 60% de los empleadores necesitan hablar con al menos 10 personas al día para realizar su trabajo.

Se pasa mucho tiempo abriendo correos electrónicos, revisando páginas personales de redes sociales y respondiendo mensajes de texto en el trabajo. Si hubiera un recorte en el número de empleados, ese tiempo podría ser mucho menor.

Ser cortés

Es de mala educación usar el teléfono celular en el cine, pero una cuarta parte de los estudiantes aún lo hace. La luz que proviene de tu asiento molesta a todos los que te rodean, lo que te hace menos popular en público. Las luces y los sonidos de los dispositivos digitales pueden molestar a las personas que están cerca de ti. No busques tu teléfono cuando vayas al cine, al gimnasio o al supermercado.

· · ·

Apágalo y mantén la paz pública.

Hacer que los niños sean activos

Con el crecimiento de los medios digitales, la pérdida de actividad física, particularmente entre los jóvenes, está empeorando. Los niños solían jugar al aire libre con más frecuencia en el pasado. Durante la década de 1990, los niños pasaban un promedio de 9 horas todos los fines de semana al aire libre.

Los jóvenes de hoy pasan menos de 5 horas al aire libre cada fin de semana. Pueden ser muchas de las razones por las que esto sucedió. Hoy en día, la tecnología juega un papel importante en la vida de los niños, y algunas personas piensan que es un papel demasiado importante. Una excelente manera de hacer que los niños sean más activos es establecer límites sobre la cantidad de tiempo que pueden dedicar a la tecnología. Si deseas mostrarles a tus hijos cómo usar la tecnología de una buena manera, entonces debes realizar una desintoxicación digital con tus hijos.

Dinero

No es una sorpresa que una gran cantidad de dinero de la gente se destine a compañías de telefonía celular, televisión y wifi. Si tienes problemas para pagar tus facturas o ahorrar dinero, deberías pensar en tomarte un descanso de toda la tecnología. Esta desintoxicación será buena tanto para ti como para tu dinero.

Promover un mejor sueño

A las personas que usan aparatos de alta tecnología les cuesta dormir porque los mantienen despiertos por la noche.

La angustia que provoca la luz artificial te hace pensar que estás más despierto de lo que de verdad estás, lo que podría dificultarte el sueño. Asegúrate de darte al menos dos horas de tiempo libre de tecnología antes de irte a la cama.

Promover hábitos alimenticios saludables

Es más probable que los estudiantes coman cuando miran medios digitales que cuando están sentados a la mesa. Ahora hay tantas cosas que tienes que hacer mientras comes que ya no es algo social o amoroso. Esto puede hacer que los estudiantes no piensen en lo que comen, lo que puede conducir a hábitos alimenticios poco saludables como comer en exceso. Las desintoxicaciones digitales pueden ayudarte a comer de manera saludable y consciente. Ya sea que seas un estudiante universitario estresado o un hombre soltero que mira episodios antiguos de alguna serie, pueden ayudarte a comer bien y de manera consciente.

Deshacerte de las comparaciones

Otra gran ventaja de dejar de ser digital es que puedes dejar de compararte con otras personas. En las películas, siempre vemos y escuchamos sobre otras personas. Miramos a alguien que creemos que es hermoso, exitoso e inteligente.

Somos bombardeados con estándares, expectativas y "modelos a seguir" de los sitios de redes sociales. La inspiración es importante, pero hacer comparaciones suele ser malo. Porque no podemos vivir la vida de otra persona, no podemos compararnos a nosotros mismos con la de otra persona.

Mejora tu cuerpo, aprende nuevos idiomas y asume nuevos retos profesionales para convertirte en una mejor versión de ti mismo. Pero tú ¡no serás capaz de convertirte en otra persona! Una desintoxicación digital te permitirá olvidarte de otras personas por un corto tiempo. Y esta dichosa ignorancia hará que sea imposible hacer comparaciones. Este tiempo lejos de hacer comparaciones te ayudará a pensar en tus fortalezas y debilidades. Podrás ser más honesto contigo mismo. Esperamos que salgas de tu cueva de desintoxicación con una idea de cómo mejorar sin tener que seguir las reglas de otra persona.

Una oportunidad para deshacerte de las cosas que no son importantes

Hay muchas maneras de eliminar cosas que no son importantes en la vida cotidiana. Puedes dejar de realizar varias tareas a la vez, meditar y hacer ejercicios mentales para mejorar tu concentración. Aunque una desintoxicación digital no es la mejor manera de eliminar las distracciones, sigue siendo la mejor manera de hacerlo.

Todos necesitamos un momento de tranquilidad y soledad de vez en cuando. Hacemos planes para el próximo gran proyecto, miramos nuestras vidas y establecemos nuevas prioridades. Estos momentos de reflexión deben ser en lugares que no molesten por el ruido y la calma. Hay muchas cosas que deben suceder antes de que se pueda realizar una desintoxicación digital.

La atención plena y la paz son dos cosas que puedes hacer para permanecer en el presente

. . .

Crear un entorno libre de distracciones puede ayudarte a ser más consciente y tener más tranquilidad. Las desintoxicaciones digitales pueden hacer la misma cosa. Podrás pensar en otras cosas cuando te tomes un descanso del mundo digital. Estas cosas incluyen tu entorno, tus interacciones sociales y cómo piensas acerca de las cosas que suceden fuera de tu control. Cuando estamos en una circunstancia estresante, con frecuencia tratamos de distraernos viendo cosas en línea, leyendo las redes sociales jugando juegos de teléfono. ¿Por qué no intentar responder a la adversidad buscando dentro de uno mismo? En lugar de escapar al mundo digital, toma un bolígrafo y un diario y anota tus ideas.

Una desintoxicación digital es un momento ideal para acelerar tu rutina diaria. Llevar un diario es esencial para toda actividad de desarrollo personal.

Aparte de llevar un diario, emplea la siguiente situación para perfeccionar tu fortaleza mental. No intentes desviar tu atención a otra parte. Examina tu situación actual. Aprovecha tu desintoxicación de Internet para meditar, reflexionar sobre tu vida y preparar tu mente para las próximas acciones que deberás realizar.

Una oportunidad para pensar en un mundo diferente

. . .

Finalmente, si quieres retroceder en el tiempo e imaginar un mundo diferente, primero debes realizar una desintoxicación digital. Los abuelos nos cuentan cómo conocieron a la gente en los viejos tiempos, y todos los tenemos. Nadie llamó ni envió mensajes de texto. Nuestro objetivo era conocer a alguien en un bar. No había aplicaciones de citas, ni notificaciones de redes sociales, ni correos electrónicos que siguieran apareciendo. En este caso, las desintoxicaciones digitales nos permiten vivir en otro momento de la historia.

Como sabes, una desintoxicación digital siempre es de corta duración.

Existe una buena posibilidad de que no podamos vivir o trabajar sin la tecnología. No se supone que las desintoxicaciones sean cosas a largo plazo que suceden todo el tiempo.

Sin embargo, un breve descanso de nuestro mundo de alta tecnología puede ser muy bueno para nosotros. Las ganancias a corto plazo pueden durar meses.

. . .

Haz algo diferente acerca de cómo buscas pruebas de tu valía

Una persona que es activa en las redes sociales publica muchos videos e imágenes y comenta las publicaciones de otras personas con la esperanza de obtener "Me gusta" y elogios de otras personas. Debido a esto, la duda y el desprecio por uno mismo pueden empeorar mucho. También puede conducir a cosas como el acoso cibernético y, desafortunadamente, también al comportamiento suicida.

Disminuye FOMO

La frustración por no poder hacer algo puede hacernos sentir que tenemos FOMO. Podemos entenderlo cuando vemos tantas parejas lindas y hermosas fotos de viajes. La verdad es que las redes sociales son un rollo de espectáculo.

Las partes malas de la vida de las personas son muy raras de mostrar en Internet. Esto significa que solo ves las partes "perfectas" de sus vidas.

.   .   .

Puede ser malo pasar tanto tiempo en nuestras pantallas, especialmente en las redes sociales, porque nos hace pensar que sabemos más de las vidas de las personas cercanas a nosotros de lo que en realidad sabemos. A menudo, sentimos que no tenemos la "vida perfecta" que las celebridades o incluso nuestros propios amigos parecen tener en las redes sociales. Tendrás menos miedo de perderte algo si te tomas un descanso de tus dispositivos. En cambio, verás el mundo como realmente es, que no es perfecto. Pero ten en cuenta que una imagen no muestra todo. En línea no es real en absoluto. ¡Al no usar las redes sociales, disfrutarás del placer de no estar allí!

Mejora tu autoimagen

También tendrás una mejor imagen de ti mismo cuando ya no tengas que mantenerte al día con lo que sucede en la internet. Nos hace pensar que nunca somos lo suficientemente buenos y que todos los demás tienen más que nosotros. Al tomar un descanso de las redes sociales, podemos concentrarnos más en mejorarnos a nosotros mismos y hacer la vida que queremos. No solo eso, sino que te permite aceptar quién eres como un todo.

Mejor salud mental

. . .

Aunque esta relación puede funcionar en ambos sentidos, es posible que suceda. ¿Alguna vez has evitado tener que hablar con la gente mirando tu teléfono? Con frecuencia consideramos que nuestros teléfonos son "mantas de seguridad". Desafortunadamente, este tipo de práctica aumenta el estrés. Otro factor que puede hacernos sentir más preocupados y tristes es cuando buscamos ayuda en línea cuando estamos estresados o deprimidos.

Las personas que dedican mucho tiempo a los aparatos digitales pueden establecer hábitos negativos que sean perjudiciales para tu salud mental y física, por lo que deben extremar las precauciones. Las personas que pasan más tiempo en los teléfonos móviles tienen menos probabilidades de comer con regularidad, mantener un estilo de vida saludable y dormir lo suficiente. Existe un mayor riesgo de depresión y otros problemas de salud debido a todo esto.

Función cerebral mejorada

Cuando pasamos tiempo en la computadora, nuestro cerebro comienza a cambiar de mala manera. Cierto: el tiempo frente a una pantalla puede cambiar la forma de nuestro cerebro. El procesamiento deteriorado, la dificultad para concentrarse y los "bucles de dopamina", en los que nos volvemos adictos a la dopamina, un químico que nos hace sentir bien, son algunos de los efectos de la droga.

Después de todo, ¿quién no se siente bien cuando a alguien le gusta su publicación de fotos en su red social? A menudo, no obtenemos ese tipo de satisfacción instantánea en nuestras vidas reales. El ciclo de la dopamina que ocurre cuando las personas usan Internet y juegan videojuegos es muy similar al que ocurre cuando las personas también usan drogas.

Mejor postura

Algunas personas tienen "cuello tecnológico" cuando pasan mucho tiempo en sus teléfonos. Cuando usas dispositivos digitales, tu postura puede cambiar, lo que puede dificultarte la respiración. El 83 por ciento de las personas que tienen dolor de cuello han cambiado la forma en que respiran.

Mejor salud hormonal y celular

Cuando las personas revisan sus teléfonos, tienden a contener la respiración. Tener este hábito puede hacer que el cuerpo esté listo para huir o "huir o luchar". Las personas solían poder escapar de los depredadores gracias a este proceso. Pero si estás revisando tu estado en las redes sociales mientras estás sentado, podrías terminar con mucha glucosa, adrenalina y cortisol adicionales en tu cuerpo.

Como resultado, tenemos mucha radiación electromagnética de radiofrecuencia en nuestros cuerpos porque ahora usamos más tecnología que antes. Las personas que han estado expuestas a este químico tienen un mayor riesgo de tener una enfermedad neurológica a largo plazo.

4

28 Días De Desintoxicación Digital

SEMANA 1: CONSTRUYENDO BUENAS BASES

Quiero que te deshagas de tus cuentas de redes sociales y limpies tu teléfono celular en la primera semana. Eliminar las cosas que no nos hacen felices. Pronto añadiremos algunas cosas que nos hacen felices.

Elija al menos cinco de esta lista:

- Deberías dejar de seguir a las personas que te hacen sentir mal contigo mismo (incluidos los amigos enemigos, las finanzas negativas, los fanfarrones o cualquier persona con la que te compares).
- Elimina las aplicaciones que no necesites de tu teléfono.

- Elimina los boletines de correo electrónico que ya no deseas leer.
- Elimina a las personas de tu teléfono con las que no hablas.
- Libera espacio en tu teléfono al lograr deshacerte de las fotos antiguas.
- Deja los grupos de tus redes sociales de los que ya no quieras formar parte.
- Las personas que no son buenas para ti deben ser bloqueadas de las redes sociales y no deberían poder llamarte ni enviarte mensajes de texto. Si necesitas ayuda para romper con un amigo, puedes consultar esta guía para obtener ideas.
- Haz una lista de las cosas que te gustan que no son digitales y agrégalas.

Día 1: asegúrate de obtener una aplicación de uso del teléfono y utilízala solo durante dos horas al día.

Si no has oído hablar de una aplicación de uso del teléfono, no te preocupes. No es difícil de averiguar. Una sencilla aplicación rastrea cuánto usas tu teléfono y muestra cuánto lo usas. También puede ayudarte a tratar de pasar menos tiempo en el teléfono. Hoy, intenta mantener tu teléfono en uso durante dos horas al día. Correos electrónicos, las redes sociales y todo lo demás está incluido en esto, al igual que otras cosas. Si crees que es demasiado difícil, hazlo.

Día 2: no saques tu teléfono mientras caminas.

Entonces todos lo hacemos. Nuestros teléfonos están apagados mientras caminamos. Mantén tu teléfono en tu bolsillo o bolso ese día. Hay muchas cosas de tu entorno que notarás cuando comiences a prestar atención a dónde estás.

Día 3: No saques tu teléfono en reuniones sociales.

No, no lo sé. Es el término para la forma en que nuestra sociedad ahora responde cualquier pregunta, que es buscar en internet la pregunta, y lo hacemos mucho cuando estamos juntos. El efecto internet está empeorando nuestros recuerdos, pero también nos está quitando las conversaciones cara a cara. Saca tu teléfono de tu bolsillo hoy, solo por hoy. Es 1998, y no existe tal cosa como internet. Finge que así es. Disfruta de tu tiempo con tus amigos. Pronto, no te lo perderás.

Día 4: no uses tu teléfono después de las 9 p. m.

. . .

Cuando sea la hora de ir a la cama, date un capricho. Mira una película, lee un libro o toma un baño caliente. Tómate el tiempo que normalmente dedicas a ponerte al día con las noticias y utilízalo para cuidarte, como ir al gimnasio. La verdad es que pronto empezarás a sentirte mejor.

Día 5: desactivar notificaciones

¿Qué piensas? Las notificaciones no son algo que me gusta mucho en absoluto. Me da este sentido de urgencia que no puedo sacudir. Así que voy a desactivar las notificaciones hoy también, al igual que tú. El proceso puede ser difícil para ti, pero puedes confiar en que funcionará. Tus notificaciones te van a hacer pensar que el mundo digital es más importante que el mundo real, pero no es así. Todavía hay tiempo. Tu semana está a punto de terminar.

Día 6: no uses tu teléfono mientras estás solo.

No, no lo hago. Yo era un niño y estaba aburrido, así que hice mi propia diversión. Volvamos a ese sentimiento por un ratito hoy, sólo por un ratito. No uses tu teléfono en absoluto cuando estés solo hoy. Cuando no estés en tu teléfono, la cantidad de tiempo que tienes te sorprenderá. Puedes cocinar, escribir ese cuento o incluso salir a caminar.

. . .

Día 7: No cargues tu teléfono por unos pocos días.

Este va a ser el día más difícil, pero estoy aquí contigo, así que no te preocupes. No tienes que tener miedo de esto. He hecho esto, y te puedo decir que no es tan doloroso como parece. Es la hora.

Durante unos días, no tendrás que cargar tu teléfono.

¡Se sentirá como un soplo de aire fresco! Pero luego tomar unas vacaciones cortas o irte de vacaciones para recargar energías. Tan pronto como suene el teléfono, te sentirás como una persona nueva, así que disfruta de tu tiempo sin él tanto como sea posible.

SEMANA 2: DESCONECTARTE LENTAMENTE Y ROMPER HÁBITOS

Esta semana, vamos a tratar de romper con nuestros malos hábitos digitales desconectándonos lentamente.

Elige al menos cinco de esta lista:

- Disfruta de una comida con tu familia sin la televisión o el teléfono.
- A primera hora de la mañana, no revises tu teléfono.
- Apaga tu teléfono durante una hora mientras haces algo que disfrutas.
- Asegúrate de no recibir correos electrónicos cuando no estés en el trabajo.
- Luego haz algo divertido fuera de casa y no publiques nada al respecto en redes sociales.
- Haz que la última hora de tu día sea (antes de que te vayas a la cama) sin celular.
- Siéntate solo en público y no mires tu teléfono.
- Decide dónde colocar tu teléfono cuando no esté en uso. ¡Esto te ayudará a no querer revisar tus redes sociales!
- Debes obtener copias físicas de libros si te gusta leer en lugar de digitales. Se pueden leer revistas o periódicos físicos.

Día 8: Debes prestar atención y registrar cada vez que sientas la necesidad o escuches el pensamiento de revisar uno de tus teléfonos o computadoras. Pregúntate: "¿Estoy revisando porque tengo que hacerlo?" y "¿Es importante esta verificación en este momento?" Debes detenerte si la respuesta es "Hábito" o "No". Simultáneamente, configura tres veces al día en las que puedas revisar tu teléfono, sea necesario o no.

. . .

Día 9: No utilices ninguna tecnología cuando hables o te reúnas con personas. Todos, desde comerciantes hasta meseros, pasando por personal de servicio, familiares y amigos, están en este grupo:

Día 10: Cuando tu dispositivo no esté en uso, no lo tengas en tu mano o guárdalo en tu bolsillo. Manténlo fuera de la vista.

Día 11: La primera hora después de despertarte por la mañana, no uses ninguno de tus dispositivos. Debes tratar tu teléfono inteligente de la misma manera que lo harías si también fuera tu despertador. Apágalo tan pronto como suene la alarma por la mañana.

Día 12: La última hora antes de acostarte, no uses ningún dispositivo.

Día 13: Desactiva todas las alertas y notificaciones de tu teléfono o tableta. Como la alarma, no cambies nada excepto el mensaje que dice "Alarma" o "Dormir".

. . .

Día 14: Asegúrate de no usar tus teléfonos o tabletas en transporte público o taxis.

SEMANA 3: VIDA FUERA DE LA TECNOLOGÍA

Durante esta semana será la más difícil.

¡Por favor mantente fuerte! ¡Cuando ponemos nuestra voluntad y fuerza a prueba, esta es la semana! Elige al menos cuatro de esta lista:

- Después del almuerzo, no revises tu teléfono.
- Desactiva todas tus notificaciones durante todo un día.
- Evita ir a tu sitio de redes sociales favorito durante todo un día a la vez.
- Durante más de cinco minutos, no te desplácese en el mismo sitio de redes sociales al mismo tiempo.
- Entonces haz algo divertido fuera de la casa y no publiques nada al respecto en las redes sociales.
- Mientras haces algo con tu familia, deja tu teléfono en casa (cine, cena en un restaurante y evento o festival).

- En otra habitación, carga tu teléfono (use un despertador tradicional si es necesario). Manténlo fuera de tu cama.
- Un día sin TV. Debes elegir esta opción sólo si gastas todo tu tiempo en la tele.

Día 15: Haz una lista de cuatro cosas que te hacen sentir bien por dentro. Deben ser simples y fáciles de hacer, no como subir a la cima del Monte Everest. Regálate una de estas cosas hoy y pon una en tu calendario la próxima semana. Esto debe hacerse todas las semanas, incluso después de haber hecho una desintoxicación.

Día 16: Abstente de usar sus dispositivos electrónicos mientras espera en una fila de cualquier cosa.

Día 17: Mantén la tecnología fuera del auto, excepto cuando necesites ayuda con el GPS.

Día 18: Cuando estás esperando que algo comience, como una película, una obra de teatro, un concierto o un compromiso social, abstente de usar tu teléfono.

Día 19: Evitar su uso durante eventos públicos como conciertos, obras de teatro o recitales infantiles, entre otras cosas.

· · ·

Día 20: Haz de tu baño una zona libre de tecnología.

Día 21: Al transitar por la calle, abstente de utilizar dispositivos electrónicos.

SEMANA 4: MEJORES EXPERIENCIAS DIGITALES

Comenzamos a reconectarnos con nosotros mismos esta semana, que es un buen momento porque hace que nuestros mundos digitales sean un poco más felices.

Elige al menos cinco de esta lista:

- Haz tres cosas importantes antes de levantar tu teléfono para el día.
- Suscríbete a algunas listas de correo electrónico que te den ganas de aprender. Existen algunas listas que harán que tu bandeja de entrada sea mucho menos estresante de ver.
- Conviértete en miembro de grupos en tus redes sociales que te hagan feliz, te inspiren o

sean relevantes para tus pasatiempos o estilo de vida.

- Elige una habitación de tu casa donde todos puedan dejar sus teléfonos en casa.
- Echa un vistazo a las cuentas de redes sociales que te hacen feliz y síguelas.
- Mira un documental en lugar de un programa de telerrealidad.
- Haz una lista de reproducción de música animada, alegre o motivadora que puedas escuchar mientras limpia.
- Crea una carpeta o un álbum en tu teléfono con citas motivadoras o memes divertidos que puedas ver cuando necesites un estímulo.
- Usa tu computadora o teléfono para hacer algo que no tienes que hacer por trabajo o productividad, como jugar un juego.

Día 22: Toma un día libre de tecnología al mes, como el tercer domingo de cada mes. Pon estas fechas en tu calendario para el resto del año y consérvalas.

Dile a tus amigos y familiares que no estarás disponible a través de tus dispositivos ese día del mes. Si necesitan ponerse en contacto contigo por un asunto urgente, sabrán por qué. Si es necesario, bríndale a tus hijos y otras personas que puedan necesitar comunicarse contigo en caso de emergencia en tus días "secos". Confirma con tu persona de respaldo que podrá ayudarte.

Día 23: Haz la promesa de mantenerte alejado de la tecnología en tus próximas vacaciones, excepto cuando necesites usarla por una razón específica, como el trabajo.

Día 24: Cuando hables con tus hijos, no la uses. Si no tienes hijos, no los uses mientras estés con tus mascotas (o plantas).

Día 25: Dejar el móvil en casa media hora y salir a dar un paseo sin destino. Es como si estuvieras en la espalda de un perro feliz.

Día 26: Pasa 10 minutos sin hacer nada más que cumpliendo tu meta. Mantén tu cuerpo quieto y tu mente tranquila. Escucha el sonido de tu respiración. Siente tu cuerpo moverse.

Día 27: Envía una carta, tarjeta o nota a alguien que conozcas. Puedes decir cualquier cosa importante sobre tu desintoxicación.

· · ·

Día 28: Dedica tiempo a hacer algo fuera de línea que normalmente harías en línea; por ejemplo, llama a un amigo en lugar de enviarle un correo electrónico o ve a la tienda de comestibles en lugar de pedir un libro o una revista por Internet.

5

Maneras De Evitar Mirar Tu Teléfono Cada Cinco Minutos

CUANDO LA COMPAÑÍA de la manzanita presentó su aplicación para su teléfono del tiempo en pantalla el otoño pasado, fue una revelación desagradable para millones de personas en todo el mundo. No es ningún secreto que la mayoría de nosotros usamos nuestros teléfonos con regularidad, y quizás con más frecuencia de la que deberíamos. La última característica de la compañía, por otro lado, pone las horas y los minutos fríos y duros justo en frente de nuestros ojos. No hay lugar para la disidencia cuando se realiza un seguimiento meticuloso de cada recolección, notificación entrante y aplicación abierta. Parecemos incapaces de almorzar con amigos, salir de noche en la ciudad o incluso hacer la fila para pagar en la tienda de comestibles sin alcanzar nuestro teléfono para verificar la hora. Es posible que alcances el botón de desbloqueo para ejecutar la última verificación unos minutos después de la última verificación, incluso si no es necesario.

. . .

Algunas personas incluso informan haber experimentado sensaciones fantasmas, lo que los lleva a creer que su teléfono está sonando cuando no es así.

La tecnología se ha vuelto indisolublemente unida a la sociedad en la era moderna. No hay forma de evitarlo. Nos estamos moviendo hacia un mundo en el que prácticamente todas las personas que conoces están a solo un toque de tu teléfono inteligente. Se supone que todos los mensajes, correos electrónicos y avisos que recibimos deben ser respondidos casi instantáneamente, si no es que de inmediato.

No sorprende que estemos constantemente revisando nuestros teléfonos

¿Tienes dificultades para controlar la frecuencia con la que contestas el teléfono? ¿Interfiere con tu día y te distrae en lugar de ayudarte? ¿Qué estrategias usas para mantenerte alejado de tu teléfono y estar más presente con tu familia?

. . .

Para realizar un seguimiento de tu tiempo frente a la pantalla, puedes usar la aplicación que mide tu tiempo en pantalla y algunas estrategias adicionales.

Se utilizan las estadísticas de la aplicación de tiempo en pantalla

Desde el comienzo de la era de los teléfonos inteligentes, ha habido aplicaciones que miden el tiempo en pantalla y brindan información detallada sobre cómo usas tu teléfono.

Hicieron un seguimiento de las aplicaciones que usaste, cuánto tiempo pasaste usándolas, cuántas veces tomaste tu teléfono y otra información sobre tus actividades. Después de eso, los teléfonos han habilitado esta función de forma predeterminada para todos los usuarios.

No está solo si has descubierto que tu tiempo frente a la pantalla ha aumentado significativamente. A principios de este año, una marca de software de seguimiento de aplicaciones, publicó un informe detallado sobre los resultados de su investigación sobre el tiempo de pantalla de los usuarios.

· · ·

Sus hallazgos corroboraron lo que ya sabíamos: que la gran mayoría de las personas pasan una preocupante cantidad de tiempo todos los días en sus teléfonos inteligentes.

El usuario típico de un teléfono inteligente pasa 3 horas y 15 minutos en su dispositivo todos los días.

El 20 % superior de los adictos a las pantallas pasa más de 4,5 horas al día mirando las pantallas de sus teléfonos. Si se asume que duermen ocho horas por noche, algunas personas pasan casi una de cada cuatro horas despiertas en sus teléfonos.

Lo que es aún más sorprendente es la frecuencia con la que la gente contesta sus teléfonos. Somos el polo opuesto de estar desconectados. Los consumidores informaron que levantaron sus teléfonos un promedio de 58 veces al día. No solo eso, sino que 30 de sus 58 llamadas telefónicas se realizaron durante el horario comercial normal. Durante una parte significativa del tiempo que debían estar trabajando, sus teléfonos funcionaron como una fuente de distracción.

5 CONSEJOS PARA DESCONECTAR

. . .

Los teléfonos no siempre son malos. Nos dan mucha información con solo tocar un botón en nuestros teléfonos celulares. Podemos aprender nuevos idiomas, encontrar nuevas recetas y conocer gente de todo el mundo. Nos permiten tomar muchas fotos donde quiera que vayamos y luego almacenarlas todas con una simple sincronización.

Se convierten en un problema cuando comienzan a ocupar tiempo y espacio valiosos en tu día. ¿Pasas más tiempo con tu teléfono que con tus hijos?

¿Estás más interesado en descargar aplicaciones que en cenar con tu familia? ¿Tu teléfono te impide completar tu lista de cosas para hacer en el trabajo?

Hay algunas personas que siguen mirando sus teléfonos a pesar de que no los han usado por un tiempo. Hay muchas cosas negativas sobre la tecnología. Para muchos de nosotros, sacar nuestros teléfonos y mirarlos de nuevo se convierte en un hábito. Ni siquiera pensamos en ello antes de hacerlo.

Estos consejos te ayudarán a dejar tu computadora y volver a vivir en el mundo real:

. . .

1. Usa aplicaciones para monitorear cómo usas tu teléfono.

El primer paso para resolver un problema es reconocer que existe uno. Ya tienes un problema con la cantidad de tiempo que pasas en tu teléfono si estás leyendo esto.

Averigua cuántas personas tienen el mismo problema que tú para determinar qué tan grande es el problema que tienes y luego averiguar cómo remediarlo. El uso de la aplicación puede ayudarte a dar los primeros pasos para desconectarte de tu teléfono.

Prueba la aplicación si aún no lo has hecho. Creo que ya debería estar ejecutándose en segundo plano y rastreando el uso de su teléfono por sí mismo. Puedes configurarlo y usar tu teléfono normalmente durante una semana si no ha estado funcionando. Cuando lo obtengas, puedes revisar tus notificaciones, desplazarte por las aplicaciones, etc. Asegúrate de verificar tus datos al final de esa semana para ver tus totales. Hay mucha información en estos datos que te muestra cómo usas las cosas normalmente. Ahora, usa esta información para establecer objetivos sobre cuánto tiempo frente a la pantalla deseas reducir y realiza cambios en tu tiempo frente a la pantalla. Debes pensar en las cosas que quieres ver por ti mismo.

. . .

Quieres:

- ¿Limitar el tiempo que dedicas a aplicaciones específicas?
- ¿Revisar tu teléfono con menos frecuencia?
- ¿Tomar un descanso de la computadora y pasar más tiempo lejos de él?

Cada semana, escribe tus metas y trabaja para alcanzarlas. Se entrega un informe semanal a las personas que usan productos de la manzanita. La aplicación compara tu comportamiento con la semana pasada y te da una puntuación de 10. Puedes usar algunas de las mismas cosas en Android que puedes usar en iOS. Algunas de estas aplicaciones de terceros son tan buenas como las que vienen con tu teléfono.

2. Lleva un registro de cuándo vas a levantar tu teléfono.

Es importante realizar un seguimiento de cuántas veces tomas tu teléfono durante el día como parte de sus estadísticas de uso de referencia. ¿Cuántas veces al día revisas tu teléfono en busca de alertas? ¿Hay momentos en los que es más probable que contestes el teléfono? ¿Son estos buenos tiempos o tiempos en los que deberías estar desconectado del mundo?

Para saber cuándo usas más tu teléfono, utiliza la aplicación u otras aplicaciones de terceros. ¿Es cuando vas al baño en el trabajo para pasar el tiempo? Puedes luchar contra el impulso de verificar si sabes cuándo sucederá.

3. Desactiva todas las alertas, usa "No molestar" y ve a "pantalla de inicio cero".

Hicieron notificaciones automáticas para que no pudiéramos alejarnos de nuestros teléfonos y mantenernos conectados a las aplicaciones tanto como fuera posible. Es difícil hacer algo cuando tu teléfono siempre está sonando. Usa la aplicación para averiguar qué aplicaciones son las peores.

Luego, puedes desactivar las notificaciones que no son importantes para no distraerte. También es bueno activar la configuración "No molestar". Tan pronto como desbloqueas la pantalla, todas las notificaciones se desactivan para que tu teléfono no te moleste.

"No molestar" puede ser una buena herramienta para usar durante las reuniones o cuando pasas tiempo con tu familia.

"Pantalla de inicio cero" significa eliminar todo lo que no necesitas de tu pantalla de inicio. Elimina las aplicaciones en las que pasas demasiado tiempo u ocúltalas en una carpeta en la segunda pantalla, para que no las veas. Regístrate con menos frecuencia quitándote todo lo que no necesites de inmediato. Puede ser una buena idea poner un mensaje positivo en el fondo de tu teléfono.

4. Retrasar la acción de levantar tu teléfono tanto como sea posible.

Tiene sentido verificar la respuesta de la persona después de responder un mensaje en tu teléfono. Esto es cierto. Vieron que incluso si levantas tu teléfono solo una vez, comienza una reacción en cadena de más contestaciones. A los tres minutos de la última recogida, la mitad de las que se registraron también se realizaron.

Cuanto más tiempo no levantes el teléfono, más pospondrás la reacción en cadena. Trata de no revisar tu teléfono sin pensar para ahorrar tiempo que podría usarse mejor de otras maneras. Cuanto más tiempo pase y te acostumbres, más fácil será permanecer desconectado. Una vez más, la aplicación te permite saber si te está acercando o alejando de tus objetivos.

Establece un tiempo cada semana para verificar tu progreso. ¿Qué cambios necesitas hacer? Revisa tu teléfono con demasiada frecuencia y ve si comienza esa reacción en cadena.

5. Emprende un nuevo pasatiempo o regresa a uno antiguo.

La adicción a los teléfonos inteligentes no parece que

vaya a detenerse pronto. No podemos apagar nuestros teléfonos porque las aplicaciones y los anunciantes trabajan juntos para evitar que lo hagamos. Aquellos que han estado limpios y sobrios encuentran nuevas formas de pasar su tiempo. La gente puede hacer esto cuando tiene hambre.

Puedes hacer otras cosas para alejarte de tu teléfono inteligente, como comenzar un nuevo pasatiempo o encontrar uno antiguo nuevamente. Piensa en algo en lo que podrías perderte y que te ayudaría a olvidarte de tu teléfono.

¿Te gusta leer? Escribir historias o poemas puede ser algo que quieras hacer. A algunas personas les gusta tejer o hacer otras cosas que mantienen sus manos alejadas de sus teléfonos. El ejercicio también es una gran idea porque libera las ondas naturales de sustancias químicas que te hacen sentir bien y que normalmente obtienes al mirar tu teléfono.

También es bueno caminar o correr, levantar pesas, caminar o jugar un juego.

Es posible que tengas algunos amigos que quieran unirse contigo para reducir el tiempo frente a la pantalla.

Reúnete con algunos amigos y dejen sus teléfonos en casa. Puede que te llame la atención cuánto confías en tu teléfono para superarlos en algunas situaciones. Tal vez no sean tan incómodos como creemos que son. En cambio, debemos aprender a estar más presentes, no incómodos.

Recuerda que tu teléfono no es necesariamente un enemigo.

Hay mucha información útil que no conocíamos antes de tener nuestros teléfonos. Este golpe de dopamina es tanto bueno como malo de diferentes maneras. Pero si haces que tu teléfono funcione para ti, no está mal. Cuando pienses en aplicaciones, no olvides que es tu trabajo mantenerlo lo más interesado posible. Cuando pasas más tiempo en tu aplicación, funciona mejor. Haz que tus aplicaciones trabajen para ti. Si no te gusta la aplicación, deshazte de ella. Desconectarse no es imposible, pero requiere mucho trabajo.

Usando la aplicación, puedes mantener tu teléfono en tu bolsillo o en casa y volver al mundo real.

6

¿Qué Dispositivos Necesita Tu Familia?

De alguna manera, la tecnología y la familia se han mezclado tanto que es casi demasiado. Según la Oficina del Censo de Estados Unidos, las computadoras estaban solo en el 51% de los hogares estadounidenses a principios de siglo, que es la cantidad de personas que las tenían en ese entonces. Ese número creció mucho en la última década, y ahora el 89 por ciento de los hogares tiene al menos un tipo de computadora, pero las computadoras que se usaban a principios de la década de 2000 no son las mismas que tiene ahora. Si pensabas que la tecnología en el mundo actual no era tan avanzada como pensabas, ¡estabas muy equivocado!

Si bien esto es bueno en muchos sentidos, también estamos viendo que suceden muchas cosas malas debido a la tecnología.

. . .

Los dispositivos inteligentes para el hogar son solo algunas de las tecnologías que se encuentran en los hogares. Dispositivos como las tabletas y los asistentes que vienen en bocinas se hicieron muy conocidos en Estados Unidos. Hay mucha tecnología hoy en día que puede hacer las cosas más fáciles y ahorrar tiempo. ¿A qué costo? Antes, te dimos algunas ideas para citas de unión familiar que te mantendrán alejado de tu teléfono. Entre hacer las cosas más fáciles y mantener la tecnología en casa bajo control, todavía hay una pelea. Tienes que tener mucho cuidado cuando tratas de equilibrar la tecnología y tu familia. ¿Cómo averiguas dónde está esa línea? Tú y tu familia deben comprar las cosas correctas.

Tecnología y familia en el pasado

Es probable que hace 30 años la gente no supiera cuánta tecnología habría pronto en sus hogares. Los niños corrieron afuera hasta que se encendieron las luces de la calle. Debido a que no tenían teléfonos celulares, no tenían forma de llamar a un padre y registrarse durante el día. Así es como se veía: la tecnología no tuvo ningún efecto sobre el tiempo en familia. Los padres no tenían sus teléfonos al lado de sus platos en la mesa para poder revisar sus correos electrónicos.

. . .

Nadie pedía recetas mientras cocinaban o pedían que se reprodujera una determinada canción a través de un altavoz en el hogar.

La gente todavía estaba viva y la vida continuaba con la tecnología limitada disponible en ese momento, aunque las cosas podrían haberse movido un poco más lentamente que ahora. No tenía idea de lo que la tecnología podía hacer.

Hace algunas décadas, nadie sabía que se estaba perdiendo algo y no lo sabían.

Tecnología y familia en el presente

Avanza hasta hoy, y esos días de simple vivir son una cosa del pasado. Había cosas que competían por la atención en la familia, pero no eran tan malas como ahora. Parece que los niños obtienen dispositivos más potentes a edades más tempranas cada año. Ahora hay una interfaz de pantalla táctil simple que los niños pequeños y la mayoría de los adultos pueden deslizar tan rápido como la mayoría de los adultos. No puedes ir a un restaurante sin ver al menos a un joven sentado en una silla alta, mirando la pantalla de un teléfono o una tableta. Los dispositivos de pantalla táctil se colocan cada vez más en ciertas cadenas de restaurantes grandes en cada mesa. Los comensales pueden ahorrar tiempo jugando juegos, viendo películas e incluso pagando su comida sin tener que pedir ayuda a una camarera.

Aunque el 89 por ciento de los hogares tiene una computadora, las escuelas también piensan que sus estudiantes están en el mismo grupo de personas que tienen una. La mayoría espera que sus estudiantes puedan realizar investigaciones en línea en casa. Otros hacen que los estudiantes hagan algunos de sus trabajos de clase en línea. Los altavoces de las marcas reconocidas están llegando a más y más hogares cada año, y esto es algo bueno. Los usuarios también tratan estos dispositivos como si fueran otra persona o un amigo. Creo que es casi imposible alejarse de la tecnología ahora que se ha vuelto tan arraigada en nuestra vida diaria. ¿Estos dispositivos y cómo la tecnología afecta el tiempo en familia juegan un papel en nuestras vidas hoy en día, o no?

IMPACTO DE LA TECNOLOGÍA EN EL TIEMPO EN FAMILIA

Cuando eres padre en el siglo XXI, criar a tus hijos no es fácil. ¿Unos minutos de tiempo a solas? Si es así, levanta la mano. Es difícil no hacerlo cuando las computadoras y otros dispositivos de alta tecnología se vuelven parte de tu vida diaria. Sin embargo, no te sientas mal si lo tienes. No eres el único. Las personas en Estados Unidos que tienen

8 años pasan mucho tiempo frente a las pantallas. Peor aún, los adolescentes promedio pasan hasta 11 o más horas al día en medios digitales. Las personas no deben pasar más de 1 o 2 horas al día frente a las pantallas.

Las familias a menudo pasan mucho tiempo separadas porque usan dispositivos portátiles para mantenerse en contacto. Las familias se reunían alrededor de la mesa para cenar en casa, jugaban o hacían alguna otra cosa juntas. Hoy en día, la mayoría de las familias tienen suerte si pueden incluso sacar a todos de sus teléfonos o computadoras para poder ver una película juntos en el sofá. Mucha gente en todo el país tiene mucho tiempo familiar interrumpido por la tecnología debido a ella. A medida que más personas revisan sus teléfonos o buscan datos rápidos, crece su deseo de satisfacción inmediata. Si no haces nada para limitar la cantidad de dispositivos en tu casa o la cantidad de tecnología en tu vida, tu familia también se verá afectada.

¿Qué tipos de tecnología son necesarios?

¿Qué dispositivos tecnológicos necesitas tener a la mano en tu casa y cuáles puedes dejar cuando te mudes? ¿Es importante para ti tener un altavoz en las habitaciones de tu hogar? Todos en tu familia deberían tener una tableta. Hay tantas computadoras ahora en tu casa, ¿Es uno suficiente para salir adelante? Cuando se trata de eso, tu eres el único que puede tomar estas decisiones por tu familia. Para tener una idea de cómo la tecnología afecta el tiempo de tu familia y la vida en el hogar, haz una lista de todas las cosas que posees que usan tecnología.

Comienza con teléfonos celulares, computadoras portátiles y computadoras de escritorio, y luego continúa, agregando más cosas a medida que avanzas. ¿Cuántos televisores tienes en tu casa? ¿Tú y tu familia tienen altavoces domésticos inteligentes en su hogar?

Haz una lista de todas las cosas que necesitas hacer. Luego, ponlos en orden de importancia de más importante a menos importante. Es probable que los teléfonos celulares o las computadoras sean lo primero en lo que pienses cuando hagas una lista. Es importante pensar qué cosas son segundas y terceras en tu vida. ¿Sabías que tenías más aparatos de los que pensabas?

Cuando haces algo con tus hijos, puedes hacerlo más divertido. Echa un vistazo a las cosas que tus amigos usan más y sin las cuales creen que puedes vivir. La decisión depende de ti como padre, pero tus hijos estarán agradecidos por la oportunidad de dar su opinión.

· · ·

Reducir el poder de la tecnología a tiempo junto con la familia

Si permites que tus hijos te ayuden a elegir los dispositivos correctos, pueden trabajar juntos para asegurarse de que no tengan un gran impacto.

Tómense un tiempo para averiguar como familia cómo pueden pasar más tiempo juntos sin la distracción de teléfonos y otros dispositivos. De la misma manera, hablaron sobre la importancia de cada dispositivo, cada uno escribió lo que quería hacer juntos. Para hacer esto, has una copia de cada lista. Luego, reserva algo de tiempo con tu familia cada semana o cada dos semanas. Mira cómo se une tu familia cuando no usas demasiados dispositivos mientras están juntos.

Aunque los dispositivos siguen luchando por tu tiempo y atención, aún pueden contraatacar. Sigue prestando atención a la frecuencia con la que tú y tu familia usan la tecnología, siempre que equilibres el tiempo frente a la pantalla y el tiempo de la vida real, puedes tener una mejor unidad familiar.

Conclusión

A veces puede ser difícil prescindir de los dispositivos, pero es importante hacerlo a tu propio ritmo. Es cierto que puedes sentirte molesto, ansioso e incluso aburrido sin tu teléfono inteligente, computadora u otros dispositivos tecnológicos. También puede que te moleste no poder ver lo que hacen tus amigos en Internet.

Si estás cansado y estresado, la desintoxicación digital puede ayudarte a sentirte mejor y vivir una vida más libre de estrés. Es bueno para tu salud mental y física, y te permite hacer espacio para nuevas actividades que te ayuden a vivir una vida saludable. Las personas que están reduciendo el uso de tecnología querrán agregar más actividades físicas a sus días. Esto será útil e importante. Una desintoxicación liberará mucha energía que solías poner en tus pantallas.

Esta energía necesitará un lugar para aterrizar y ser utilizada.

Mover tu cuerpo es lo mejor para esto. Te ayudará a permanecer en el mundo real y le dará a tu atención un nuevo lugar para ir.

Cosas a considerar antes de comenzar tu plan de desintoxicación digital.

Grabar un disco. Depende de ti si deseas realizar un seguimiento del uso de todos tus dispositivos tecnológicos en un día laboral o en toda la semana. También puedes realizar un seguimiento de tu uso en un día del fin de semana.

Determina qué comportamiento deseas reducir o eliminar más, lo que puede involucrar muchos dispositivos diferentes.

Encuentra un amigo. Para hacerte responsable de lo que haces y de mantenerte en la desintoxicación, debes contarle a alguien lo que hiciste y cómo te fue. Contempla. Cuando uses la tecnología, piensa en cinco cosas que saldrán mal y cinco cosas que saldrán bien si reduces o cambias la cantidad de uso que haces. Apoya tu propio cuerpo.

Cuando estés en casa, en tu automóvil y en el trabajo, escribe o coloca letreros como "Quiero estar a cargo de mis elecciones tecnológicas". Cuando estés en casa, mueve tu computadora a un lugar menos acogedor. Deberías comprar un nuevo diario para llevar un registro de las cosas esta vez.

Después de cada día, escribe algo (la longitud no es importante) sobre cómo te fue.